中国名窑遗址丛书

主编 马骋

建窑

马骋 著

上海大学出版社

图书在版编目（CIP）数据

建窑/马骋著.—2版. —上海：上海大学出版社，2022.3
（中国名窑遗址丛书）
ISBN 978-7-5671-4422-4

Ⅰ.①建… Ⅱ.①马… Ⅲ.①建阳窑—瓷窑遗址—研究 Ⅳ.①K878.54

中国版本图书馆CIP数据核字（2022）第034855号

责任编辑　柯国富
技术编辑　金　鑫　钱宇坤
装帧设计　谷　夫

书　　名	建窑
著　　者	马骋
出版发行	上海大学出版社
社　　址	上海市上大路99号
邮政编码	200444
网　　址	http://www.shupress.cn
发行热线	021-66135112
出 版 人	戴骏豪
印　　刷	上海华业装潢印刷厂
经　　销	各地新华书店
开　　本	889mm×1194mm　1/32
印　　张	4.25
字　　数	100千字
版　　次	2022年3月第2版
印　　次	2022年3月第1次
国际书号	ISBN 978-7-5671-4422-4/K・249
定　　价	42.00元

总 序

马 骋

我国目前面临着自改革开放以来最难以预料的发展困境，越来越多的有识之士发现，经济发展的实际结果与发展的预定目标正在出现相反的趋势。即经济发展的结果造成了自然环境恶化、贫富差距扩大、弱势群体不断增多、腐败现象蔓延、社会公平正义度严重降低。究其原因，是因为这种"旧式现代化"的发展是一种征服自然、控制资源、社会与个人不和谐的产物，使得许多方面陷入了极度紧张和冲突激变的现实境地，这是让社会与自然付出双重代价的现代性。在这种旧式现代性的推动下，丧失的是整个人类的自由和解放的理想前景。因为社会现代化的目标不仅仅是社会财富的积累和科学技术的提高，其最终目标是促使人的自由和解放。为此，学术界提出了"新型现代性"的概念，即那种以人为本、追求社会正义与公平、社会与个人和谐、社会与自然双盛、人和社会双赢的现代性，以此促进经济的可持续发展和社会向新型现代性的转型（参见王洪伟著《传统文化隐喻——禹州神垕钧瓷文化产业现代性转型的社会学研究》）。在这样的背景下，文化产业发展战略逐渐进入主流社会视野，以优秀民族文化资源带动经济发展战略，陶冶人的情操，提升社会文明程度，形成自然与社会和谐相处、追求人的自由和解放，已成为我国经济可持续发展和社会向新型现代性转型的一种具体运行模式。

当代中国社会已进入大众文化时代,大众文化是以技术工业的形式进行的,即将文化艺术变为文化工业,使得以往的文化艺术创造变成了模式化、流水线似的工业生产,在此意义上,文化艺术品与商品的界限被抹平了,大量的平庸文化产品充斥市场,表现为一味追求感官刺激,以瞬间的满足迷惑大众,将以往历史中一切有价值的东西全部消解,缺失了人文精神。因此,以优秀民族文化资源为依托开发当代文化产业,必须以开放的品格吸收文明遗产的人文内涵,借助一切以往艺术创造的成功经验,遵循文化艺术产品的审美规律,努力提升大众文化产品的精神愉悦性。

在国家统计局发布的《文化及其相关产业分类》这一我国文化产业唯一的官方标准中,将"文化保护和文化设施服务"列入"文化产业",其中明确具体地列出"文物及文化保护",包括"文物保护服务"和"文化遗产保护服务"。

综观世界各文化遗产保护先进国家,对文化遗产的保护已超越了被动消极的维护,在法律规范下,将文化遗产保护进行市场化运作,在文化遗产和文化产业之间已构成了良性互动。在确保文化遗产安全的前提下,让文化遗产借助于相关产业进入市场,并且带动交通、建筑、餐饮、音像、出版等个行业的发展,同时反过来强化了古物的修复和文化遗产的保护。

在我国诸多优秀文化遗产中,古陶瓷无疑是引人关注的,其中与中国(CHINA)同名的瓷器(china)几乎同四大发明一样,成为中国作为文明古国对世界文化的重大影响乃至对人类的贡献。作为一种优秀的文化资源,中国历代诸多著名古陶瓷品种目前正处于三种运行状态:未产业化、逐渐产业化和已经进入成熟的产业化运行状态。其中有些面临着如何进行产业化运作的问题,有些则面临着如何将陶瓷文化产业进行现代性转型,以提升产品的文化附加值和精神愉悦性,提高文化资本向经济资本转换的身价,在文化遗产和文化产业之间构成良性互动。这无疑让我们把探索研究的目光聚焦古陶瓷产地——中国历代名窑遗址。

法国社会学家皮埃尔·布迪厄(Pierre Bourdieu)认为资本有三种形式,即经济资本、文化资本和社会资本。经济资本是经济学理论认可的资本形态,可以直接转换为金钱;社会资本是关系型资本,也可以转换为经济资本;文化资本则泛指任何与文化及文化活动有关的有形和无形资产,在某种特定的条件下,也可以转换成资本。布迪厄又将"文化资本"分成三种形式:第一,身体化形态:以精神和身体的持久性形式,如文化、教育、修养而存在;第二,物化形态:即文学、绘画、纪念碑、书籍、机械等文化产品,是可以直接传递的;第三,制度化形态:即将文化资本的身体化形态以制度予以体现,并将其制度合法化。如通过知识与技能的考核,向文化资本身体化形态的个人发放文凭或资格证书等。同时布迪厄还认为,文化资本可以与经济资本实现转换。

借用布迪厄的"文化资本"理论来探索研究中国历代名窑遗址这一优秀文化遗产所包含的文化资源,我们不难发现其文化资本的三种形态分别为:第一,经过"家传"和师徒相传的方式掌握制作、烧制陶瓷技艺的艺匠,即陶瓷文化资本的"身体化形态";第二,历代名窑优秀陶瓷产品及产品工艺特征(具体包括原料与成形、器具与机械、窑具与烧成、胎釉与装饰等等),即文化资本的"物化形态";第三,列入全国重点文物保护名录,具有国家和地方认证、颁发的工艺美术师和工艺美术大师职称荣誉称号评定体系,抑或拥有陶瓷工艺学校乃至大学传授陶瓷技艺的教育,即文化资本的"制度化形态"。

但是作为文化遗产,历代优秀古陶瓷的现代产业开发,除了对传统工艺的发掘、恢复、继承之外,更要提升其产品的文化附加值,促其由文化资本向经济资本转换,除了其历史知名度之外,开掘其文化内涵和阐释其在历史传递中的文化影响力,不仅可以使陶瓷作品的单件价值提升,更重要的是将极大提高优秀古陶瓷在当代文化产业开发、运作中其文化资本向经济资本转换的身价,并提升文化产品的精神愉悦性。

《中国名窑遗址》丛书紧扣文化产业发展战略的时代脉搏,试图通过我国历代著名陶瓷古窑遗址(主要是民窑)的自然环境、各窑场遗存的窑炉遗址、窑具、瓷器、瓷片、烧成工艺等,较系统地还原历代名窑的产品工艺特征以及文化资本的物化形态。同时,通过对历代政治、经济、社会生活、文化形态、审美趣味、文人士大夫的文化品位和雅俗文化的对流等方面,去发现历代著名陶瓷古窑之所以成为一代名窑的人文内涵和文化影响。继而通过对其瓷业经济形态,包括生产规模、流通渠道、对外贸易等方面的考察,从中开掘历代陶瓷名窑在培养文化产业创新人才方面所具有的文化价值和产业价值。这对于探索古陶瓷文化产业的开发、培养文化产业创新人才都有着十分重要的作用。

丛书各卷的研究方法在尽可能汇聚研究成果和文献资料的基础上,对历代名窑窑址进行实地考察,以窑炉、窑具和各窑场发现的瓷片为切入点,系统整理各名窑古瓷产品的器形、釉面装饰、瓷胎、圈足、底款等,从历代名窑名瓷的起点研究产品工艺和烧成工艺;并通过对其形成历史名窑的文化形态、历史和人文环境的研究,阐述研究者对其之所以成为一代名窑及产品的新认知。即试图从微观和宏观的层面上,从历史和现实的纵向联系中去把握研究对象所拥有的文化资本的特质。

是为序。

2011年2月1日于加拿大温哥华"尚古轩"

目 录

1	绪论
1	第一节 研究目的与意义
3	第二节 研究现状与方法
5	第一章 概况
5	第一节 遗址现状与自然环境
5	1.地理位置与交通
7	2.历史沿革与生态环境
8	3.窑址分布与窑系
17	第二节 历史源流
17	1.窑址创烧年代与下限
18	2.历代产品烧造情况
19	第三节 产品在中国陶瓷史上的地位及其影响
20	第四节 建瓷的对外贸易
23	第二章 窑址遗物及产品工艺
23	第一节 产品工艺特征

23	1. 成形
23	2. 器具
25	3. 烧成
25	第二节 胎釉
25	1. 瓷胎
26	2. 釉色
30	3. 底款
31	第三节 造型
32	第四节 手工装饰工艺
33	第五节 建窑与吉州窑、北方窑黑釉瓷产品的关系
33	1. 建窑与吉州窑黑釉瓷产品的关系
35	2. 建窑与北方窑黑釉瓷产品的关系
37	**第三章 时代背景与文化形态**
37	第一节 社会环境与文人品位
40	第二节 茶文化与生活方式
40	1. 宋代饮茶方式与贡茶
42	2. 茶风炽盛与斗茶
43	第三节 建盏的人文内涵与文化影响
45	**第四章 瓷业传承与文化产业开发**
45	第一节 历代建窑黑瓷仿制与辨识
46	第二节 当代建窑黑瓷传承、作伪与辨识
46	1. 当代建窑黑瓷艺术的传承
47	2. 当代建窑黑瓷碗盏的作伪与辨识
53	第三节 建窑文化资源评估与文化产业开发

56		建窑古瓷器标本图典
57	1	北宋 建窑黑釉斗笠盏
59	2	北宋 建窑绀黑釉敛口碗
61	3	北宋 建窑兔毫黑釉盏
63	4	北宋 建窑兔毫黑釉盏(残)
65	5	北宋 建窑油滴黑釉盏
67	6	北宋 建窑茶叶末褐釉盏
69	7	南宋 建窑茶叶末褐釉敛口碗
71	8	北宋 建窑柿红釉敛口碗
73	9	南宋 建窑柿红釉撇口小盏
75	10	北宋 建窑紫金釉敛口盏
76	11	北宋 建窑灰皮釉撇口盏
77	12	南宋 建窑灰皮釉小盏
79	13	南宋 建窑灰白釉小盏
80	14	南宋 建窑龟裂釉小盏
82	15	北宋 建窑酱釉盏
83	16	南宋 建窑青瓷小盏(残)
85	17	北宋 建窑兔毫黑釉盏(残)
86	18	北宋 建窑油滴黑釉盏(残)
87	19	北宋 建窑金油滴瓷片
88	20	北宋 建窑银油滴瓷片
89	21	北宋 建窑油滴黑釉小盏(残)
91	22	北宋 建窑绀黑釉小盏(残)
92	23	宋 建窑油滴褐釉钵残片
93	24	宋 建窑香斑(和尚顶)褐釉钵残片
94	25	北宋 建窑黑釉盏(残)
95	26	北宋 建窑黑釉"供御"款

96	27	北宋 建窑黑釉"供御"款
97	28	北宋 建窑兔毫黑釉"供御"款
98	29	北宋 建窑青釉"供御"款
99	30	宋 建窑各种"供御"款
100	31	北宋 建窑阳文反体"供御"款垫圈
101	32	北宋 建窑"進琖"款
102	33	宋 建窑各种"進琖"款
103	34	北宋 建窑"官"字款
104	35	北宋 建窑"寶"字款
105	36	北宋 建窑"上"字款
106	37	北宋 建窑"新窑"款
107	38	北宋 建窑"琮"字款
108	39	宋 建窑"皿"字款
109	40	宋 建窑黑釉"一"数字款
110	41	宋 建窑兔毫黑釉"四"数字款
112	42	宋 建窑兔毫黑釉"八"数字款
113	43	宋 建窑黑釉"九"数字款
114	44	宋 建窑兔毫黑釉"十八"数字款
115	45	宋 建窑"两六"数字款
116	46	宋 建窑黑釉"四一"数字款
117	47	宋 建窑柿红釉"四六"数字款
118	48	宋 建窑黑釉大碗(残)"五四"数字款
119	49	宋 建窑系黑釉盏
120	50	宋 建窑系黑釉盏
121		主要参考文献
122		后记

绪 论

第一节 研究目的与意义

2001年6月25日，国务院发布了第五批全国重点文物保护名录，福建省建阳市宋代建窑名列其中。建窑遗址位于福建省建阳市水吉镇，在宋代以烧制黑釉瓷盏（碗）著称。这个偏于闽北山区一隅的窑场，在宋代那个"郁郁乎文哉"的重文轻武环境中，在官、哥、汝、定、钧、龙泉等名窑林立的中国陶瓷史上最辉煌的时期，竟然以一般并不讨人喜欢的黑乎乎的瓷品占据了一席之地，影响遍布全国，并形成了中国著名的黑瓷生产基地和建窑系黑瓷的命名窑场，在中国瓷业史上具有重要的地位。

虽然在历史文献中尤其是宋代茶文化文献中，有许多关于宋代建窑兔毫釉、油滴釉、鹧鸪斑的记载，但并没有比较系统的记载建窑的专门文献资料。建窑在宋代虽然极盛一时，但在整个窑场发展的历史长河中只是三百多年的昙花一现，从元明以后由于中国人饮茶方式的改变和文化趣味的转向，建瓷就开始衰落，窑火基本熄灭将近六百年，因此在元代以后建瓷就淡出了国人的视野。然而日本由于茶道盛行，对建窑产品格外钟情，更是将国人都难得一见的"天目曜变盏"视为国宝。在日本镰仓幕府时代（1192—1333），日本僧侣来到我国浙江天目山径山寺学佛，回国时带回一批建窑烧制的黑釉茶盏，他们把这批茶盏称为"天目"，此后，"天目"一词逐渐演变为黑釉瓷盏的代称。随着日本茶道的传播和发展，建盏也越来越受到日本各界的喜好和珍爱。"文化大革命"之后，古建窑茶盏（碗）大量流入日本，日本人甚至将建窑窑场的瓷土都买回去研究，开发生产黑瓷。在日本人的带动下，建窑古瓷在中国藏界也开始被逐渐追捧，市场行情逐年看涨。但游离文物古玩市场，摆脱经济利益驱动去研究古建窑瓷的成果却极其罕见。

产地研究和断代是古陶瓷科学研究的重要内容，中国科学院等单位从20世纪90年代初对建窑遗址进行考古发掘，清理出龙窑、窑具、瓷片等遗存物，为研究建窑积累了资料并取得初步的研究成果，但这是文博体系的专业考古、科研工作。

当今文物古玩市场方兴未艾，古瓷器的收藏是一个吸引众藏家的大项，也是文物古玩市场交易、交换的主要项目，如何让人们从各窑场遗址去了解历代名瓷，传播瓷文化，乃至开发瓷文化产业，是民间文物市场体系和文化产业管理部门极具文化价值和经济价值的工作。近年来也有不少藏家和古玩爱好者跑窑址，但基本上停留在文化旅游层面上，文字记录也以散文为主，因此从窑址遗存物和发掘资料去系统地研究产品工艺、文化形态、历史和文化环境乃至自然状况等，从民间文物市场体系来说就显得很有意义。同时，从培养文化产业创新人才角度也同样具有极大的价值。

我们的目的是想通过建窑遗址的自然环境、各窑场窑炉、窑具、瓷片，较系统地还原宋代建窑作为一代名窑之所以获得成功的产品工艺特征。同时，通过对宋代政治、经济、社会生活；宋型文化形态和审美趣味、文人士大夫的文化品位和雅俗文化的对流等方面，去发现建窑作为一代名窑的人文内涵和文化影响，这对于热爱中国陶瓷文化的人们认识建窑古瓷的文化品质，传承中华民族优秀传统文化，强化文化归属感，乃至开发古文化产业都有着十分重要的作用。

第二节　研究现状与方法

如同中国明式家具的研究是德国人艾克最早开始一样，最早研究古建窑的也是一位热爱中国文化的外国人——美国人詹姆士·马歇尔·普朗玛（James Marshall Plumes，1899—1960）。早在20世纪20年代，还在中国海关福州办事处工作的普朗玛就在中国这个瓷器国度独具慧眼地发现了建盏，并成为实地考察建窑遗址的第一个西方人。在20世纪30年代他出版了自己的研究成果《建窑研究》一书，并成为美国密歇根大学的教授。此外日本也有《君观台左右帐记》、《满济淮后日记》、《荫凉轩日录》等研究建窑的文献。

20世纪90年代，中国科学院等单位对建窑遗址进行考古发掘，清理出龙窑、窑具、瓷片等遗存物，并撰写了一批考察论文，为研究建窑积累了资料并取得了初步的研究成果。福建建阳当地的学者也对建窑作了很多研究工作，并有著述发表。目前建窑研究的出版物有福建省博物馆和日本茶道资料馆于1994年联合出版的《唐物天目——福建省建阳出土天目与日本传世天目》，以及叶文程著、江西美术出版社2000年出版的《建窑瓷鉴定与鉴赏》等。

笔者与龙门博物馆上海办事处的李剑敏先生曾于2004年合作出版了著作《中国名窑地图》，由于篇幅的限制，对建窑遗址只作了简要的论述，由于出版物的市场属性，该书主要以介绍陶瓷文化旅游为主，因此没有对建窑深入展开阐述自己的考察研究成果。

本书研究的方法在尽可能汇聚研究成果和文献资料的基础上，对建窑窑址实地考察，从窑炉、窑具和具体窑场的瓷片为切入点，来系统整理建窑古瓷的器形、釉面装饰、瓷胎、圈足、底款等，从宋代建窑名瓷的起点研究产品工艺；并通过对其形成历史名窑的文化形态、历史和人文环境、自然状况的研究，阐述自己对建窑之所以成为一代名窑的见解。即试图从微观和宏观的层面上,去把握研究对象的本质。

  由于笔者学术视野有限,加上研究建窑的成果十分稀少,因此手头掌握的资料难免挂一漏万。同时目前建窑窑址考察的环境也不太理想,龙窑窑址往往清理后又复堆,能够比较典型地表现器形、釉色的瓷片等又难以寻找,残器的发现目前以遗址范围内当年窑工填埋报废瓷的坑窖居多,笔者只能从当地村民、藏家等处了解瓷片的出土情况,观看残器、瓷片,对确定哪个具体窑场大多数不能形成直接证据,本书给出的建窑古瓷器残器、瓷片、圈足等标本只能确定为古建窑遗址出土,希望对古建窑的研究、总结有所帮助。

  最后需要说明的是,目前收藏市场上一般将建窑撇口盏称为"盏",因形似斗笠,俗称"斗笠盏";而将敛口(束口)碗称为"碗",但也有称为"盏",实质上"碗"和"盏"是约定俗成的民间称呼,很难明确区分,因此本书在建窑碗盏的器形名称上沿用文物古玩收藏市场习惯称呼,也不对其作严格界定。其次,建窑黑釉装饰在古籍上有"鹧鸪斑"一词,但学者、藏家大多认为其就是"釉滴"装饰,因此本书在建窑釉面装饰中不再分列"鹧鸪斑"。这未必表示笔者赞同此说,但要研究清楚这一问题,需要充分的文献资料,目前的资料并不能形成足够的证据,在这样的情况下还不如放弃"鹧鸪斑"的称呼。第三,对建窑釉面装饰名称,有文献记载的依从文献记载,如"绀黑"、"兔毫"、"釉滴"等,但有些釉面装饰尤其是杂色釉,也只是学界、藏界根据其表现的色彩取名,有的研究总结归类杂色釉品种近20种。为此,笔者采取从窑址发现、收集到的杂色釉给出种类,名称也采取比较宽松的做法,一般沿用习惯称呼,不对其做严格界定。

第一章 概况

第一节 遗址现状与自然环境

1. 地理位置与交通

建窑遗址位于福建省建阳市水吉镇（图1-1、图1-2），窑址有芦花

图1-1 建窑遗址方位图（据《中国文物旅游图册》）

图1-2 水吉镇窑址石碑

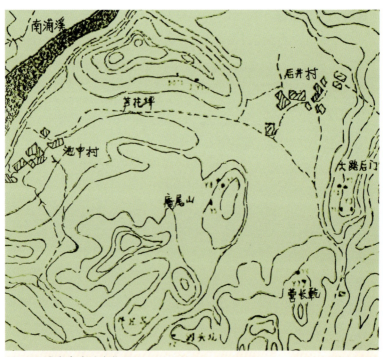

图1-3 建窑各窑址方位图

坪、牛皮仑、大路后门、营长乾等处,分布在后井村、池中村一带,遗物分布面积约12万平方米(图1-3)。清乾隆本《大清一统志》卷二三七载:"福建建宁府,土产兔毫盏。《方舆胜览》:出瓯宁之水吉镇。"①

窑址周围的群山是武夷山的支脉,林木茂盛、瓷土矿丰富,为建窑瓷器的生产提供了充足的原料和燃料。从上游武夷山脉由北向南流经这里的南浦溪,环绕窑址向下游的建溪流淌,之后继续南流,到南平市与富屯溪、沙溪汇合,并汇入闽江流入大海,这也是闽北古代水陆交通的主要水路,为当时的瓷器产品通过水路运输、外销提供了保障。窑址的西边相邻古时官道,也畅通了瓷器产品的陆路运输。

2.历史沿革与生态环境

建阳古时属于建州,即现在的建瓯。建瓯于东汉建安十二年(207)正式建县,因此最初被称为建安。吴永安三年(260)升置为建安郡。唐武德四年(621)始为建州,元至元十五年(1278)改建宁府为建宁路,明清后恢复为府制。清光绪五年(1879)洪亮吉撰《乾隆府厅县图志》卷三十九载:"福建建宁府成,土贡,兔毫盏。管县七:建安、瓯宁、建阳、崇安、浦城、松溪、政和。"②

民国二年(1913),将当时的建安和瓯宁两个县合并建县,并从两处地名中各取一字命名为建安县,隶属建安道管辖,道址设在南平。民国十七年(1928)建瓯改为县政府,直属省管辖。1949年以后,在建瓯设立福建省第一行政督察专员公署,管辖建瓯、建阳、崇安、浦城、水吉、松溪、政和、邵武、光泽九县。1950年3月,又改为建瓯行政专员公署。同年4月,署址移设至建阳。

建窑窑址所处的水吉镇位于建阳市东部中心,在南浦溪的中游,海拔142米。东部漳坊镇,西以尤岭童游镇衔接。南与小湖镇毗邻,北连回龙乡。土地面积273平方公里,地势东北高,西南低,地形大部分为低山丘陵。年平均降雨量1700毫米,年平均气温在

图1-4　后井村太保庵

图1-5　池中村远眺

15℃-19℃之间,气候春暖夏秋爽,热盛于寒。后井村(图1-4)、池中村(图1-5)群山环抱,溪水清清,有着良好的生态环境。

3.窑址分布与窑系

分布在水吉镇的建窑窑址有大路后门、芦花坪、牛皮仑(庵尾山)、营长乾(社长埂)、水尾岚、七里岚等处,古时亦称"建安窑"、"乌泥窑"。目前在大路后门窑址处有一块蓝色的文字说明牌:1989年12月至

1992年7月,中国社会科学院等单位对大路后门窑址进行大规模的科学发掘,清理了晚唐五代到宋末元初的龙窑基地十座。建窑是中国著名的黑瓷生产基地和建窑系黑瓷的命名窑场(图1-6)。

2001年6月25日,建窑窑址被国务院列为第五批全国重点文物保护

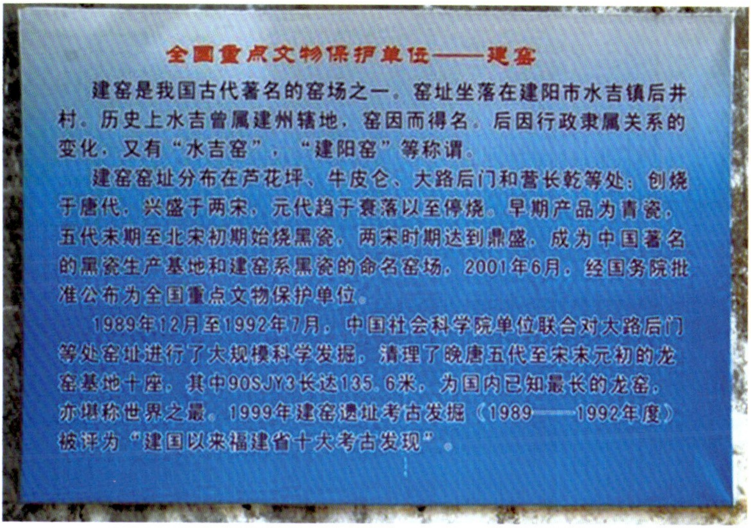

图1-6　水吉镇的建窑窑址前的文字说明牌

图1-7　后井村建窑遗址石碑

单位(图1-7)。保护范围：总面积约12.8万平方米。芦花坪窑址，东至水吉通往后井的公路、西至镇办果林场瓜地、长约50米，南至后井通往池中村的乡村公路、北至山顶，宽约100米，面积约5000平方米；牛皮仑遗址，东至稻田、西至山脚、长约100米；南至稻田、北至山顶，宽约100米，面积约1万平方米；庵尾山窑址，东至稻田、西至镇果林场、长约60米，南至山顶、北至稻田，宽约100米，面积6000平方米；大路后门窑址，东至后井村通往南山的公路、西至山顶，长约150米，南至后井林业工区驻地、北至村办桔园，宽约300米，面积约4.5万平方米；社长埂(营长乾)窑址，东至后井林业工区驻地、西至园头坑，长150米，南至山顶、北至稻田，宽约100米，面积约1.5万平方米。

建窑主要窑址：

大路后门窑址 位于后井村东南部一座南北走向的山坡上，有两座炉窑相互叠压，都沿着山势而筑，呈东西走向，一座斜长123.6米，另一座斜长为135.6米，是我国目前最长的古龙窑(图1-8、图1-9)。遗物分布面积约为4.5万平方米，其中南北长约300米，东西宽为140米至150米，堆积层厚度在1米至9米。该窑址在北宋时曾为御用贡窑。据当地人介绍，当年有一条大路通往山里的一个村庄，因为大路处于村庄的后

图1-8 大路后门窑址

图1-9　大路后门窑址俯瞰

图1-10　大路后门窑址远眺

面,因此此地得名"大路后门",当地人简称"大路后"(图1-10)。

芦花坪窑址 位于后井村和池中村之间,东临后井村通往水吉镇的公路,南靠后井村通往池中村的乡村道路(图1-11)。曾清理出的龙窑长56米,两侧修建了石阶,目前看到的是窑室的底部,窑室上部因为年代久远已基本倒塌。窑室由砖块砌成,宽度在1—2.35米,龙窑两侧每隔一定距离各有一个火膛。有10个窑门,其中东墙3个、西墙7个,这使窑工能够方便地掌握火力。龙窑前缓中陡,尾部又趋平缓,这种结构充分利用了山势,最大限度地提高了窑室内火焰的抽力,前段陡容易上火,后

图1-11 芦花坪窑址远眺

图1-12-1 北宋 建窑芦花坪窑址发现的黑釉盏

图1-12-2　北宋　建窑黑釉盏内壁

图1-12-3　北宋　建窑黑釉盏盏底

图1-13　芦花坪窑址堆积层

段缓易存火，整窑的装烧量最高可达10万件左右（图1-12-1、图1-12-2、图1-12-3）。芦花坪窑址是宋代建窑中面积最大、开发最早的一处，东西长约50米，南北宽约为100米，总面积5000平方米，遗物分布面积约5万平方米,堆积层厚为1米至7米(图1-13)。

牛皮仑窑址 位于水吉镇庵尾山(图1-14、图1-15),与庵尾山窑址合在一起,曾清理出一座斜长64米的龙窑。一边的庵尾山窑址在1991年

图1-14 牛皮仑窑址

图1-15 牛皮仑窑址堆积层

和1992年中国社会科学院考古研究所和福建省博物馆联合考古队的第四次考古清理挖掘中，清理出了三四座龙窑，有的几十米，有的上百米，或为红砖与土坯砖建成，或用竹木框、土坯砖和泥土筑成。该窑址为五代末北宋初时创烧，是建窑中烧制黑瓷最早的窑场，开创了黑瓷碗盏的先声。牛皮仑名称中的"皮仑"，按照当地方言发音意为"打滚"，"牛皮仑"就是"牛打滚的地方"。

营长乾窑址　位于后井村（图1-16、图1-17），"营长乾"是按照当地方言的发音定名，意为"山坡边长长的梯田"。此处曾发现有残存的龙窑七道挡火墙遗迹，每道墙体是一排倒扣的匣钵，有八到九柱，柱与柱之间的距离为5至10厘米，每柱三个匣钵，匣钵柱上砌砖。从中可以推断，该窑址的龙窑是分室结构，即在窑床上用挡火墙分割成若干窑室，而下部留有一排通火孔。烧造期约为北宋末到南宋中晚期。

建窑系主要窑址：

遇林亭窑址　位于武夷山景区北侧偏西，紧邻风景秀丽的莲花峰，分布面积近6万平方米，这里有一条小溪自南往北流过，沿溪有6座小山

图1-16　牛皮仑对面是营长乾

图1-17　营长乾窑址

冈,堆积着数以万计的匣钵和垫圈,有的深达3-5米,为建窑系窑址。

在窑址的左侧建有展示古窑历史文物的"遇林亭宋代窑址博物馆",按照博物馆的陈列观赏顺序分为三个部分:"沉寂的窑场"、"考古揭秘"、"茶艺明珠"。

博物馆内有两座龙窑,1号窑炉是一座沿着山坡而建的"龙窑",全长73.2米。从考古发掘的平面结构看,该窑为黑釉、青釉并烧的窑炉,品种多样。据考古推测,每窑约可烧制5万件瓷器。沿着依照窑炉走向建成的具有宋式建筑风格的保护廊步步登高而上,可以看到整座炉膛的内部结构和遗留的堆积成列的匣钵、匣钵盖、垫圈等各种窑具。

在1号窑炉对面山坡上,蜿蜒坐落着2号窑炉。2号窑炉的结构与1号窑炉为同一类型,也是沿坡而建,只是比1号炉更长、容量更大。2号窑炉全长约113.1米,该窑主要烧制黑釉瓷器,并以碗、盏类为主,一次可装烧8万件瓷器。

遇林亭1、2号窑炉周围还有好几座类似的古窑炉。

除遇林亭窑址外,建窑系还包括闽北地区的建阳中布窑、白马前窑、浦城半路窑、建瓯小松窑、延平茶洋窑、顺昌冯坑窑、关山窑、河墩窑、光泽茅店窑、松溪九龙窑等；闽西北的泰宁上青窑、将乐上瑶窑、三明中村窑；闽东地区的宁德飞鸾窑；闽中地区的德化盖德窑及闽南地区的普江磁灶窑；闽西地区的长汀南山窑，宁化济村窑等；此外福州地区的福清东张窑、闽侯南屿窑、闽清义由窑等也都有一定的代表性。

第二节　历史源流

1.窑址创烧年代与下限

《中国陶瓷史》认为"建窑是宋代新兴的黑瓷窑之一"，并没有论及建窑烧瓷的起始和下限年代。根据20世纪90年代初对建窑遗址的考古发掘发现，在水吉镇芦花坪窑址黑瓷堆积层的下面有青瓷层存在，出土物都具有晚唐、五代时期特征。之后的考古发掘又发现，在建阳城关附近的源头仔村有一处烧青瓷、青白瓷的元代窑址，源头仔附近的碗窑发现一处烧青瓷的明代窑址，水吉镇大路后门东侧发现一处烧青花瓷的清代窑址。笔者在大路后门窑址发现了清代烧制的青花瓷碗废弃物（图1-18）。建窑在民国时期已经停烧，民国十八年（1929）詹宣猷修、蔡振坚等纂《建瓯县志》三十七卷首一卷载："黑窑坑山，其下旧有窑。"③

因此，冯先铭先生在《中国陶瓷》中认为，建窑

图1-18　大路后门窑址清代烧制青花瓷碗（残）

创烧于晚唐五代，历宋、元、明、清四代，烧瓷历史长达千年④。这个结论应该是正确的，即建窑创烧于晚唐五代，盛于宋，衰于元明，停于清。

2.历代产品烧造情况与窑场性质

从近年来的考古发现,建窑在晚唐、五代创烧时期烧造青瓷,器型以碗为主。至五代末宋代初烧制黑瓷,由于宋代盛行饮茶、斗茶的风尚,加上北宋末年的徽宗皇帝赵佶身先士卒,常与臣属斗茶,其示范效应影响了整个社会风尚,于是建窑开始创烧丰富多彩、变化万千又富有装饰效果的黑釉瓷产品,尤其是黑釉茶盏,品种包括兔毫釉(参见图典4)、油滴釉(参见图典5)、曜变釉、结晶冰裂纹釉、茶叶末釉(芝麻花釉)、龟裂纹釉、酱褐釉等由窑变产生的自然结晶釉产品,以及黑釉点白斑、黑釉铁锈花、黑釉描金彩等人工绘饰艺术的作品。因为黑釉茶盏利于衬托白色茶末,易于观察茶色,是以黑釉茶盏为斗茶的最佳器具,故黑釉茶盏的烧制盛极一时,从而促进了宋代黑釉瓷器的普遍发展,使建窑成为名躁一时的著名窑场。建窑黑釉茶盏"供御"、"进琖"送至北宋皇宫所在地开封,引起了北方窑场的关注,包括定窑、磁州窑、耀州窑等名窑均模仿烧制黑釉瓷,然而建窑生产的黑釉盏仍然最为著名。以烧制黑釉盏供人们斗茶而发展起来的建窑,除利用当地特有的瓷土,创烧出许多不同凡响、色彩瑰丽,又别具一格的黑釉瓷茶盏外,同时还烧制柿红釉、青釉、灰釉等杂色釉产品。至元明时期,建窑主要烧制青瓷;清代是建窑烧制的尾声,以烧制日用青花粗瓷为主。

建窑本来是江南地区一处民窑,因北宋时代风尚和审美趣味,造就了其成为中国古代瓷业史上一代名窑,并烧制了带有"供御"、"进琖"字样的专供宋代宫廷使用的、主要用于斗茶的黑釉盏。为此,有学者认为:"建窑的历史地位应定位在宋代'官窑(御窑)'上,更为贴切、准确。"笔者认为,历代官窑有几个主要特征:即由官方出资设立,专烧皇家用瓷,即"官搭官烧",并且有明确的文献记载,几个特征缺一不可。如北宋汝官窑、钧官窑、南宋官窑、明清景德镇御窑等。也有学者认为:"在宋朝官窑这一领域中,学术界公认的是汝窑、哥窑、官窑、定窑、钧窑等一些窑口。而其他的一些窑口，由于缺乏文献和实物证据，暂时还没有相当的研究。"问题是在官窑文献比较发达的宋代，能够十分明确汝窑、哥窑、官窑、定窑、钧窑等一些窑口的"官窑"性质，却恰恰遗忘了诸如建窑等作为"官窑"的文献记载，显然逻辑上是不能成立的。尽管历史上有许多著名瓷窑烧造进贡宫廷的贡瓷，并且有明确的文献记载，如越窑、龙泉窑等，但都属于民窑烧制的贡瓷，而并不是官搭官烧的窑场，因此不能称其为官窑（御窑），而只能称为贡窑。建窑在宋代为皇家烧制贡瓷，这段时期可以将其窑场性质定性为"贡窑"，而在其他历史时间段窑场性质就是民窑。

第三节　产品在中国陶瓷史上的地位及其影响

宋代建窑烧造的黑釉盏，品种繁多，装饰异彩纷呈、瑰丽璀璨，摆脱了传统的单纯黑色釉阶段。受其生产的结晶釉茶盏影响，江西、四川、山西等地瓷窑亦烧制兔毫盏；河北定窑、磁州窑、陕西耀州窑、河南鹤壁集窑（图1-19）、山西临汾窑等烧制油滴盏，形成了以建窑为代表的黑

图1-19　宋　河南窑场烧制的油滴黑釉盏

釉瓷窑系。几乎影响了当时全国近三分之一的瓷窑,从而促进了宋代黑釉瓷器的普遍发展,是中国著名的黑瓷生产基地和建窑系黑瓷的命名窑场,在中国瓷业史上有着重要的地位。同时,曜变釉、兔毫釉、油滴釉等黑釉盏亦成为我国瓷业史上的著名、珍贵的瓷器品种。

宋代建窑黑釉盏影响还远播日本,尤其是建窑烧制的名贵品种曜变釉,其结晶斑点边缘呈现以蓝色为主的五光十色的光晕,随着观察方向的改变,光晕所产生的变化仿佛夜幕之星光芒闪烁,深受日本人喜爱,被日本学者称为"曜变天目",其珍藏的三件曜变釉茶盏被视为"国宝"。

第四节　建瓷的对外贸易

1976年,在韩国西南木浦市新安海域发现了一艘元代沉船。船内发现了数以千计的瓷器,其中黑釉瓷117件,据报道"最引人注意的是建窑的茶碗"。这批建盏的年代当为南宋时期。

由此可见,在两宋尤其是南宋和元代初期,建窑瓷盏作为贸易陶瓷,通过海运大量销往海外。

宋元时期,经济繁荣,瓷业兴旺,也带来了对外文化交流和海外贸易的大发展,福建泉州港和福州港迅速崛起并成为对外贸易的重要港口,瓷器成为重要的出口商品之一,大量销往海外。特别是南宋时期,国家鼓励出口,同时,为防止钱币外流,规定凡外货不用金银铜钱,而以瓷器绢帛为代价兑换,因而瓷器输出量更大。据成书于南宋宝庆元年(1225)赵汝适的《诸蕃志》和元代汪大渊的《岛夷志略》等文献记载,早在北宋时期,福州已开辟通往日本、朝鲜及东南亚的航线。南宋时期,建窑生产的建盏就已大量销往日本、朝鲜、东南亚等地。目前,不仅在日本、朝鲜有大量建窑黑釉瓷,在东南亚的马来半岛、菲律宾、印尼等地也发现建窑黑釉瓷。

建窑黑瓷盏是怎样从窑址运到沿海港口的呢？也许我们可以从普朗玛的著作中得到答案。他在《建窑研究》一书中写道："水吉的内地村庄出产的茶碗就是这样用小船装载然后向前航行进入世界市场。"小船的水路就是芦花坪窑址西侧约500米处的南浦溪。

本章第一节中，已对建窑这条水路作了介绍。南浦溪自北向南奔流，在建瓯市徐墩与闽江三大支流之一的建溪汇合，之后继续南流，到南平市与富屯溪、沙溪汇合，注入闽江，通向大海。这是古代的一条重要水运航道，建盏的一大部分就是通过这条黄金水道运抵福州港并销往海外，或通过泉州港转运海外。1935年6月，普拉玛考察建窑时，也曾通过这条水道运走了大量建盏。

---

①梁宪华、翁连溪编著：《中国地方志中的陶瓷史料》，学苑出版社2008年版。
②梁宪华、翁连溪编著：《中国地方志中的陶瓷史料》，学苑出版社2008年版。
③梁宪华、翁连溪编著：《中国地方志中的陶瓷史料》，学苑出版社2008年版。
④冯先铭主编：《中国陶瓷》，上海古籍出版社2001年版。

第二章 窑址遗物及产品工艺

第一节 产品工艺特征

1. 成形

建窑瓷产品成形方法基本上是拉坯成形，即利用辘轳旋转时产生的力量，配合双手的动作，将黏土拉成盏、碗、碟、盒、罐、茶入、油灯等器型，产品的表面有明显的旋转纹路，瓷工再对坯体和底足进行修坯。

2. 窑具

建窑主要产品茶盏的烧制是将其放入匣钵（图2-1），再在盏底和匣钵之间垫上垫圈，以免搭釉。其产品是一个匣钵装烧一件瓷器（图2-2），这叫匣钵正烧法，目前在窑址中还没有发现建窑瓷器采用覆烧法。正烧法成品率高，且器物精美。从遗址废弃的窑具来看，大多为倒下搭釉的匣钵和黑釉茶盏（图2-3）。

图2-1 大盏匣钵和束口匣钵

图2-2 烧废的建窑盏,可见其使用正烧法

图2-3 窑具中烧废的产品

建窑窑具主要有匣钵和窑柱。

匣钵为耐火材料制成,有相当的强度,耐高温,能抵抗温度的骤变,导热性大。其作用主要是避免火焰直接与坯体接触,同时防止煤烟及灰烬对产品的污染和化学作用,并预防加热不匀等现象产生。从遗址的废弃产品瓷胎的露足部分观察,产品有的在还原焰环境中烧成,足胎呈黑色;也有的产品足胎呈褐色,除胎土的成分有所不同外,显然也说明有的匣钵密封性不好,使得产品在氧化焰环境中烧成。

窑柱是瓷器焙烧时支撑装好坯体的匣钵和叠烧坯体的窑具，也以耐火材料制成，呈圆柱形，粗细高度都不一样，下部直径略大于上部。据当地人介绍，匣钵用窑柱叠烧高度可达2米。这样可以使火焰与烟气畅通，同时调节窑内温差，提高瓷器的成品率。

3. 烧成

建窑产品的烧成均采用坡道式龙窑，与古代江南地区的瓷窑为同一类型，如越窑、龙泉窑、南宋官窑、宜兴前墅龙窑等。因龙窑是利用山势的斜面构筑而成，因此形成其升温、降温都较快的特点，但也有窑温不均匀的缺陷。

烧成温度分别为：兔毫釉盏烧成温度：1330℃±20℃；油滴釉碗烧成温度：1280℃±20℃；酱色釉器烧成温度：1350℃±20℃。[①]

第二节 胎釉

1.瓷胎

中国科学院、福建省博物院和中国社会科学院有关专家曾从庵尾山、大路后门和营长乾三处窑址收集了建窑7个时期的古瓷碎片139片，用NAA和WDXRF法分别测定了瓷胎中的微量和主量元素含量，分析结果表明，根据化学成分的不同可将建窑古瓷分为晚唐五代、北宋、南宋和元代4个群组；大路后门和营长乾窑址的黑瓷采用了相似的制瓷原料，庵尾山窑址所用的原料与前两者存在明显差别。

根据测定，芦花坪、大路后门、营长乾建窑产品的黑瓷胎化学成分主要为：硅(SiO_2)62.86%，铝(Al_2O_3)23.06%，钙(CaO)0.08%，铁(Fe_2O_3)0.24%，钾(K_2O)约2.53%，镁(MgO)0.45%，钛(TiO_2)1.22%，钠(Na_2O)0.45%，钴(Cr_2O_3)0.02%[②]。

建窑黑瓷的胎质基本特征为：截面呈黑色、灰黑、黑褐、褐色、灰白等,其中黑色成分越多含铁量就越高;加之胎骨厚实坚硬,手感厚重,扣之有金属声,因此俗称"铁胎";其因含沙粒较多,故胎质较粗糙,露胎处手感亦较粗,目视犹如"桃酥饼"。

从烧成工艺分析,建窑黑瓷为高温烧成,若胎土淘洗太细,则器物易变形。正由于建窑黑瓷中的建盏胎体厚重,胎内蕴含细小气孔,利于茶汤的保温,适合斗茶的需求,所以其在宋代成为上乘的茶具之一。蔡襄曾说:"茶盏。茶色白,宜黑盏。建安所造者,绀黑,纹如兔毫。其杯微厚,熁之久热难冷,最为要用。出他处者,或薄或色紫,皆不及也。其青白盏,斗试家自不用。"③

2. 釉色

建窑瓷釉色分为两大类,即黑色釉类和杂色釉类。

黑釉瓷在中国瓷业史上有着悠久的历史,最早产生于东汉,至宋代发展到了鼎盛时期,主要就是建窑把黑釉瓷推向了历史的高峰。建窑黑釉是结晶釉,属于含铁量较高的石灰釉。在高温熔烧过程中,由于窑内火候的高低和氛围的变化,使釉面产生奇特的花纹。这些釉面花纹与人工彩绘或雕饰不同,它们是釉料在一定的温度和气氛中产生变化的结果,是大自然鬼斧神工之作,有其难以预见、难以把握的特殊的艺术魅力,陶瓷工艺界称之为"窑变"。由于非人力所为,因而十分名贵。

根据测定,建窑兔毫盏釉质的化学成分为:硅(SiO_2)58.66%,铝(Al_2O_3)20.59%,钙(CaO)6.85%,铁(Fe_2O_3)3.22%,钾(K_2O)3.72%,镁(MgO)1.92%,钛(TiO_2)0.69%,锰(MnO)0.82%,钠(Na_2O)0.24%,铬(Cr_2O_3)0.01%。④

建窑黑釉普遍采用蘸浸法一次性施釉,且釉层普遍较厚,釉汁肥润,与吉州窑同时代同类黑釉瓷产品相比,建窑产品釉厚,而吉州窑产品釉薄。由于建盏都采用正烧法,加之石灰釉黏性强,在高温中容易流动，故产品口沿釉层较薄，而其内底聚釉较厚；外壁往往施半釉，以免在烧窑中底部产生粘窑；有余釉在高温中易于流动，故有挂釉现象，俗称"釉泪"、"釉滴珠"。这是建盏的特点之一。建窑黑瓷玻化程度较高，釉面光亮但不刺眼，给人以收敛之感。由于釉料配方的不同，窑内温度及气氛的变化等因素影响，建窑黑瓷釉面又呈现多种纹理。从建窑遗址的废弃产品来考察，主要有以下几种黑釉类瓷窑变纹饰：

绀黑（乌金）釉 "绀黑"一词在宋代蔡襄的《茶录》中已有记载："建安所造者，绀黑，纹如兔毫。"这是建窑黑瓷较典型的釉色，简单地讲就是纯黑釉。其釉的表面乌黑如漆，有的则黑中泛青，系窑变所致。其釉药的主要着色剂为氧化铁和氧化锰，尤其是氧化锰的含量接近1%时，呈色纯黑光亮，釉层相对较厚，"色黑而滋润"，上乘者亮可照人，表现出庄重素雅之美（参见图典2）。

兔毫釉 兔毫是建窑瓷中最典型的且产量最大的产品，以致人们常常习惯以"兔毫盏"作为建盏的代名词。"兔毫"一词在宋代文献中频繁出现，如蔡襄的《茶录》中"纹如兔毫"，赵佶在《大观茶论》中亦称："盏色贵青黑，玉毫条达者为上。"⑤其中所记"兔毫"、"玉毫"等均为兔毫盏。祝穆在《方舆胜览》中记载："兔毫盏，出瓯宁之水吉。……又君谟《茶录》：'建安所造黑盏，纹如兔毫'，然其毫色异者，土人谓之'毫变盏'，其价甚高，且又难得之。"⑥

所谓"兔毫"，就是在黑色的底釉中透析出均匀细密的丝状条文，形如兔子身上的毫毛。其形成的釉纹机理与胎釉有关，由于瓷土含氧化铁成份高，在高温烧制过程中，釉受热产生的气泡将熔入釉中的铁微粒带至釉面，当温度达到1300℃以上时，釉层流动，富含铁质的部分便流成细长似兔毫的条纹。由于"窑变"等因素影响，兔毫形状既有长、短之分，粗、细之别，颜色还有金黄色、银白色、褐色等变化，俗称"金兔毫"、"银兔毫"等。

从窑址发现的金兔毫釉纹较粗而清晰。釉内结晶斑纹呈金黄色，有垂珠现象,在光线直射下熠熠生辉。银兔毫在光线下其毫毛泛蓝白色光泽,结晶纹较粗;褐色兔毫釉表面无光泽,毫纹微显泥色,也有由上至下逐渐变成蓝色,或变白色。

油滴釉　　所谓"油滴",是指在乌黑的底釉上散布着无数具有金黄色或银灰色金属光泽的小斑点。在建窑遗址中亦发现有"金油滴"(参见图典19)、"银油滴"(参见图典18)之瓷片。

"油滴"一词最早出现于日本文献中。成书于日本应永年间(1394—1472)的《禅林小歌》中载:"胡兹盏以建盏居多,有油滴、曜变、……天目。""油滴"一词在中国古代文献中尚未发现,《格古要论》中对建窑黑釉瓷有"滴珠"的记载,应该就是建窑油滴釉黑瓷产品。学界也有很多人认为,"油滴"就是宋代文献中所指的"鹧鸪斑"。北宋初人陶谷《清异录》称:"闽中造盏,花纹鹧鸪斑,点试茶家珍之。"⑦其中"鹧鸪斑"指的就是油滴釉。

油滴釉在烧制过程中,其釉料中主要的着色剂氧化铁发生分解,生成气泡,致使气泡周围氧化铁的含量比其他部位高。随着温度的升高,气泡不断产生和聚集,且气泡越来越大,当达到一定程度时气泡爆裂,富含水量铁质的溶体升至釉面于原气泡处密集,当釉冷却收缩变平时,釉面形成饱和状态,并以赤铁矿和磁铁矿的形式析出结晶体,即形成富金属光泽的油滴状斑点。这种斑点多为圆形或椭圆形,大小不一,大者直径一般为3-4毫米,最大者达1厘米;小的仅1毫米,甚至细如针尖,形如沸腾的油滴散落而成,使人眼花缭乱。油滴也是一种结晶釉,烧成难度较大,成品率低,传世或出土较少。

黑褐釉　　褐色釉面无甚光泽,褐色釉内时有黑釉显现,或成片覆盖于黑釉上,黑釉内有褐色的丝状纹。

笔者在窑址中没有发现传世的建窑曜变釉,所谓"曜变"就是在黑色的底釉上聚集着许多不规则的圆点,圆点呈黄色,其周围焕发出以蓝色为主的耀眼的彩虹般的光芒,故而得名。由于"曜变"烧成难度极

大，故传世甚少，窑址出土瓷片中也没有发现。

建窑窑址中发现的杂色类釉主要有以下几种：

柿红釉 釉面光泽不强，红褐色釉面有深红色小结晶点（参见图典8、图典9）。

茶叶末釉（芝麻花釉） 在黑褐色釉内满布均匀的茶叶末大小的黄褐色结晶斑点（参见图典6），口沿釉层较薄。

青釉 釉层均匀，施釉薄，色呈苹果绿，有开片（参见图典16）。

龟裂纹釉 釉层较均匀，在灰色或闪金色釉内，釉面均匀分布有深褐色若龟裂状的釉纹（参见图典14）。

灰皮釉 施釉较均匀，釉色灰黑（参见图典11、图典12），釉面有乳突状，在泛灰色的釉内有一层薄薄的黑色。

灰白釉 施釉较均匀，釉色灰白（参见图典13），有些有乳浊状的结晶斑点，有些有黑斑，在泛灰色的釉内有一层薄薄的白色，有的釉面开纹片较多。

酱釉 釉面色呈绿褐色，釉面粗，亚光泽，从垂釉珠的断面观看，釉内为亮黑色，仅于表面有薄薄的一层绿褐色釉层（参见图典15）。

笔者认为，建窑产品杂色釉中，龟裂纹釉、灰皮釉、灰白釉、酱釉等，都是火候不够高的次品（生烧或半生烧品）。

根据近年来的考古挖掘资料，芦花坪、大路后门、牛皮仑窑址都曾烧制兔毫、釉滴、绀黑等典型器。大路后门窑址过去生产的黑釉瓷中，兔毫釉约占60%，绀黑釉约占25%，油滴等其他釉色约占5%。牛皮仑窑址黑釉瓷碗以浅黑和酱黑色居多，由于是建窑黑釉初烧时期的窑场，那时的黑釉碗呈薄胎薄釉，同时也烧制青釉产品。营长乾窑址黑釉瓷釉面效果和兔毫釉的纹路都与其他窑场的产品质量相差很多。同时发现该窑场也烧制青白釉产品。

从笔者在建窑遗址考察总结，芦花坪窑址产品釉色或釉面装饰在建窑遗址中最佳，而大路后门窑址器物造型比较漂亮。后者基本上是仿

图2-4　北宋　建窑大路后门窑址发现黑釉盏，下图左为内壁，右为盏底

烧前者的产品（图2-4）。

3.底款

"供御"款　为宋代黑釉茶盏进贡宫庭用瓷款，一种为手工剔刻（参见图典27至图典31），一种为带有阳文反体文字符号的垫圈印刻（参见图典32）。在卢花坪窑址、大路后门窑址、营长乾窑址都有发现带此款的底足，或者是带有阳文反体文字符号的垫圈。此款发现量较多，说明当时烧制带有此款的黑釉产品产量较高。

"進琖"款　宋代黑釉茶盏进贡宫庭或官府用瓷款（参见图典32、图典33），一种为手工剔刻，一种为带有阳文反体文字符号的垫圈印刻。在卢花坪窑址、大路后门窑址、营长乾窑址都有发现带此款的底足，或者是带有阳文反体文字符号的垫圈。此款与"供御"款相比发现数量较少，说明当时烧制带有此款的黑釉产品产量要比带有"供御"款的少。

"官"字款 为手工剔刻款（参见图典34），目前带有此款的产品发现极少，对其认识还不太清楚，一般认为是供官府使用的瓷器底款，并不是供宫廷使用，这有待学界进一步研究。

"寶"字款 为手工剔刻（参见图典35），目前带有此款的产品罕见，亦有发现"國寶"款，估计为建窑珍贵瓷品之意，待考。

"珍"字款 为手工剔刻（参见图典38），罕见，应为建窑珍品之意，待考。

"上"字款 为手工剔刻（参见图典36），目前带有此款的产品发现极少，从其考究的修足与质量上乘的黑釉判断，估计有黑釉瓷"上品"之意，也有可能是窑工烧制记号，待考。

"新窑"款 为模具印刻款，从其粗糙的文字、圈足、胎釉来看，不是质量上乘的产品（参见图典37）。从字面意思理解，估计为新开创的窑场产品标识。

"皿"字款 为手工剔刻，估计有器皿的意思（参见图典39）。

数字款 为手工剔刻，从单数到双数都有发现（参见图典40至图典48），估计为窑工制作、烧制时的记号。"文革"时期，宜兴紫砂产品曾用阿拉伯数字记号的方法，目的是在产品有质量问题时能查到责任人。

第三节　造型

建窑产品分日用品和陈设品，以日用品为主，碗盏最多，另见有少量的钵、茶入（小罐）、茶饼盒、花插、小碟、油灯等器型。

根据近年来的考古发掘资料，在芦花坪、大路后门窑址中碗类器形大致可分为敞口（撇口）和敛口（束口）两大类（参见图典1、图典2）。其中黑釉敞口碗大致可分为大、中、小三类，约占碗类总数的19%；黑釉敛口碗约占碗类总数的26%。

黑釉敞口大碗的器型特点是：口径16厘米左右，高度5.5厘米至6厘米左右。口沿外撇，尖圆唇，斜弧腹，腹下部稍外鼓，矮圈足，挖足较浅，釉层厚薄均匀，施釉不及底。

黑釉敞口中型碗的器型特点是：口径12.5厘米至13厘米左右，高度为4厘米至5厘米左右。口沿外撇，尖圆唇，腹壁斜直微鼓，腹下内收，浅圈足，俗称"斗笠碗"。

黑釉敞口小碗的器型特点是：口径9厘米至10厘米左右，高度4厘米左右。口沿外撇，腹壁斜直，下内收，圈足底平，足壁直，挖足浅，造型如漏斗状，俗称"斗笠碗"。

黑釉敛口碗的器型特点是：口沿内敛，斜弧腹，矮圈足，挖足浅，也分为大、中、小三类。中型碗口径为12.5厘米左右，高度为6.5厘米左右。一般认为，南宋敛口碗略高于北宋敛口碗0.5厘米左右。

庵尾山（牛皮仑）窑址发现的敛口碗，碗口直而微敛，折浅腹，内底中心稍隆起，矮圈足；敞口黑釉碗的器型为浅腹斜弧壁，内底稍厚并隆起，矮圈足。为建窑五代晚期、北宋早期产品。

就总体而言，建窑碗盏类器型口径最大的有20厘米左右，小的9厘米左右，较为常见的为12厘米左右，标准器为12.5厘米左右，即为中型碗盏。建窑陈设品主要有玉壶春瓶、花插等，产量较少。建窑产品总体上器型偏小，大器少见。

第四节　手工装饰工艺

在建窑产品中也有烧造人工绘饰的纹样，即在黑釉瓷上加饰各种装饰。如黑釉点白斑、黑釉铁锈花、黑釉描金彩等作品。

人工装饰工艺的烧造方法有两种：

一是在未烧胎坯上，先施釉，再绘饰纹样，经入窑一次高温烧成。如黑釉点白斑装饰，即先施黑釉，再以毛笔蘸乳白釉人工点饰白斑，烧

造出的白色釉斑较平滑,气泡清晰明朗、大小分明、分布均匀,其黑白接面较柔和协调地形成一体。再如黑釉铁锈花装饰,即在施好黑釉的坯体上用氧化铁作着色剂绘饰纹样,经入窑一次高温烧成,纹饰中的铁结晶体呈现出铁锈红色。铁锈红色中部均无光泽,两侧近黑釉处有一层淡淡的光泽。有的在黑色的盏壁上部饰以排列整齐的铁锈红色;有的在黑釉盏壁上点饰铁锈斑纹,由上至下,由大渐小,分布均匀,带规律性地排列;有的盏壁为褐色釉,仅盏内心为黑色釉,黑色釉呈放射状图案,可能为当时工匠着意仿制兔毫纹而烧制的品种。

二是在经高温烧成的黑釉瓷面上绘饰纹样,再经入窑二次低温烧成。如黑釉描金彩装饰,即在经高温烧成的黑釉器面上描绘花蝶、兰竹、书写文字、诗句等金彩,经二次低温烧成。

人工装饰工艺的总体艺术风格是纹样明朗,强调了图案布局的对称性。

第五节　建窑与吉州窑、北方窑黑釉瓷产品的关系

1.建窑与吉州窑黑釉瓷产品的关系

吉州窑位于江西省吉安县永和镇,与建窑创烧时间大致为同一时期,20世纪50年代和80年代,文博单位对吉州窑进行调查,从获取的资料推断吉州窑创烧于五代时期⑧,从窑址出土物观察,当时吉州窑烧制的产品有酱褐釉碗、罐、壶及白釉碗盏。至北宋时期,吉州窑大量烧制青白瓷,同时也烧制白瓷和黑瓷,但此类标本出土并不多。这足以说明吉州窑在北宋时期黑釉瓷产品还处于起步阶段,而此时的建窑黑釉瓷产品已经十分成熟。吉州窑黑釉瓷直到南宋时才得到大发展,并形成自己的特色。不仅有兔毫釉、油滴釉(图2-5)等黑瓷产品,还有玳瑁釉(图2-6)、树叶纹、剪纸纹(图2-7)等黑釉瓷产品。

从文献记载来看,北宋时期有关兔毫釉、油滴釉(鹧鸪斑)黑釉碗

图2-5 北宋 吉州窑油滴黑釉碗（局部）

图2-6 宋 吉州窑玳瑁釉盏内壁和盏底（残）

图2-7 宋 吉州窑剪纸贴花盏内壁和盏底（残）

盏的记录，都是对建窑产品的描述，并没有关于吉州窑黑釉瓷产品的记载，而且建窑黑釉碗盏产品在北宋已作为贡瓷供宫廷使用，因此毫无疑问，建窑黑釉瓷的烧制成熟远远早于吉州窑。

再来看一下清乾隆时期朱琰撰写的中国第一部陶瓷简史《陶说》中，对宋代建窑和吉州窑的评价："宋时茶尚擎碗，以建安兔毫盏为上品，价亦甚高。"并引用《格古要论》描述两窑产品：建窑"碗多是擎口，色黑而滋润，有黄兔斑、滴珠。大者真。但体极厚，少见薄者，旧建瓷有薄者，绝类宋器。佛像最佳"，而吉州窑"色与紫定器相类，体厚而质粗，不甚直钱"⑨。

纵观中国瓷业史上整个黑瓷的产生发展，不同地域的黑瓷是各自独立产生的，后来又慢慢互相影响。那么吉州窑黑釉瓷是自己创烧还是受建窑黑釉瓷影响进行仿烧的呢？

我们先来看一下吉州窑其他产品，即白瓷、青瓷、彩绘瓷与宋代定窑、耀州窑和磁州窑的关系。北宋定窑以覆烧法烧制著名的印花白瓷产品，随着宋王朝宫廷的南迁，瓷业工匠也有部分迁至南方各窑场，也给吉州窑带来了定窑风格的白瓷产品；同样，吉州窑烧制的绿釉小盏内的水波游鱼与缠枝菊纹饰的布局与耀州窑青瓷盏几乎完全一样，显然是受到了耀州窑的影响。其次，吉州窑在南宋时兴起的白釉褐色彩绘瓷，明显受到了磁州窑的影响。因此，吉州窑是一个善于吸收宋代各个著名瓷业窑场装饰风格与特色的民窑，这也就不难得出结论，吉州窑黑瓷是在唐五代时期自身发展起来的，但南宋时期吉州窑烧制的兔毫釉、油滴釉黑釉盏显然是受到了建窑"供御"黑釉碗盏的影响。

2.建窑与北方窑黑釉瓷产品的关系

河北的定窑、磁州窑、陕西的耀州窑、河南的鹤壁集窑、山西临汾窑等在宋代都曾烧制油滴釉黑盏，但都不是这些窑场的主打产品。定窑以白瓷产品为主，少量烧制"紫定"与"黑定"；磁州窑、耀州窑也是以白地黑花、白釉剔花、珍珠地划花和青釉刻划花等见长。由于建窑黑釉茶盏"供御"、"进琖"送至北宋皇宫所在地开封,自然引起北方窑场的关注。由于宋代斗茶之风不仅上及帝王将相、达官贵人、文人墨客,也下至市井细民,浮浪哥儿。宋徽宗在其所著的《大观茶论》中写道:"天下之士厉志清白,竞为闲暇修索之玩,莫不碎玉锵金,啜英咀华,校箧笥之精,争鉴裁之妙,虽否士于此时,不以蓄茶为羞,可谓盛世之清尚也。"⑩在这样的社会氛围下,黑釉瓷盏无疑成了全国各地的抢手货,宋代北方名窑仿烧建盏黑油滴,也就在情理之中了。

---

①中国硅酸盐学会编:《中国陶瓷史》,文物出版社1982年版。
②中国硅酸盐学会编:《中国陶瓷史》,文物出版社1982年版。
③吴龙辉主编:《煮泉小品》选《大观茶论》,中国社会科学出版社1993年版。
④中国硅酸盐学会编:《中国陶瓷史》,文物出版社1982年版。
⑤吴龙辉主编:《煮泉小品》选《大观茶论》,中国社会科学出版社1993年版。
⑥熊寥、熊微编注:《中国陶瓷古籍集成》,上海文化出版社2006年版。
⑦熊寥、熊微编注:《中国陶瓷古籍集成》,上海文化出版社2006年版。
⑧冯先铭主编:《中国陶瓷》,上海古籍出版社2001年版。
⑨熊寥、熊微编注:《中国陶瓷古籍集成》,上海文化出版社2006年版。
⑩吴龙辉主编:《煮泉小品》,中国社会科学出版社1993年版。

第三章　时代背景与文化形态

第一节　社会环境与文人品位

宋代是中国历史上积弱的时代。宋太祖赵匡胤通过陈桥兵变黄袍加身后，在"重文轻武"的治国策略下，通过"杯酒释兵权"，将武将置于文官之下，即所谓"以文驭武"。宋太宗赵光义原打算通过消灭北汉，收复燕云。但在太平兴国四年（980）宋辽高粱河之战中，宋军大败，从此，其制订了"守内虚外"的政策，把武将作为防范的重点，并更加深了整个社会"崇文抑武"的格局。

宋代文人士大夫的人生理想和追求是中国传统文化和哲学思想中的"内圣外王"，然而北宋初期"外王"努力的极度失败使得文人士大夫遭遇了极大的挫折感。随着对王安石改革的失望，军事、政治、经济领域的外部事务没有任何希望；加上宋王朝重文轻武的用人政策，也使得文人兴趣从沙场建功向科举成名方向转化，这些都最终导致了以精神文化内在转向为特征的的宋型文化的形成。

与此同时，文人士大夫在这一时期又面临着一个新的人生挑战。从中唐开始一直延续到五代的藩镇割据、党争与宦官之乱造成社会极度动乱和秩序的严重失范，并导致文人士大夫人格堕落和道德沦丧，整个社会价值体系崩溃，习以为常的价值观念、社会准则和人际关系突然被抛弃得无影无踪，人们惊讶地注视着自己周围一个完全陌生的世界，并有一种深深的不安全感。重建安身立命的价值关怀和终极依据就成为摆在文人士大夫面前最为迫切的问题，这促使他们转向"内圣"，以内心的道德修养来完成对审美人格理想的追求。

于是，读书成了宋代社会最重要的社会价值取向。真宗时曾流传这样一首影响后世近千年的《劝学诗》："富家不用买良田，书中自有千种粟。安房不用架高梁，书中自有黄金屋。娶妻莫恨无良媒，书中有女颜如玉。出门莫恨无人随，书中车马多如簇。男儿欲遂平生志，六经勤向窗前读。"于是，宋代社会再也没有了唐人那种"宁为百夫长，胜作一书生"（杨炯《从军行》）、"虏酒千钟不醉人，胡儿十岁能骑马"（高适《营州歌》）的豪迈，而是转向读书著文、品茗玩盏、听琴题画的雅致，即所谓"矮纸斜行闲作草，暗窗细乳戏分茶"（陆游《临安春雨初霁》）、"鹰爪新茶蟹眼汤，松风鸣雪兔毫霜"（杨万里《以六一泉煮双井茶》）。这一切不仅最终重建了以理学为代表的儒家精神信仰世界和价值体系，也恢复了文人士大夫的道德境界和审美人格。宋型文化追求内心世界的自我完善和内心审美体验，也造成了宋代尚武精神的丧失，最终导致靖康之耻。在文人士大夫对审美人格理想追求的背后，是宋代武士的悲哀。

在这样的社会氛围和文人士大夫审美情趣的影响下，整个社会市井布衣的审美趣味也向这种时尚靠拢，在上层建筑雅文化的影响下，培育出了与之表现形式相近的俗文化。皇公贵族、文人士大夫斗茶玩盏同样也影响了市民文化，形成社会时尚与世风。这是因为宋代社会城市化发展迅速，并形成了市民社会。在有着100万人口的北宋首都开封，文人士大夫与市井百姓毗邻相处，城市商业、手工业欣欣向荣①，不仅彼此之间的文化与时尚影响迅速，而且商业、手工业的发达，也使得像茶饼、茶盏之类的炙手可热的商品能迅速传播，适应城市中市民阶层的需要。

从宋代风俗画家刘松年的《斗茶图》(图3-1)和元代赵孟頫的《斗茶图轴》(图3-2)中不难发现,斗茶者均为市民布衣。

图3-1 宋 刘松年《斗茶图》(局部)

第三章 时代背景与文化形态

39

图3-2 元 赵孟頫《斗茶图轴》(局部)

第二节 茶文化与生活方式

1.宋代饮茶方式与贡茶

  我国的饮茶习俗在唐代中期已蔚然成风,并开品饮艺术的先河。唐代的饮茶方式主要是煎茶法,包括烧水与煮茶,然后将煮好的茶用瓢向茶盏分茶,饮茶时要将鲜白的茶沫、咸香的茶汤和嫩柔

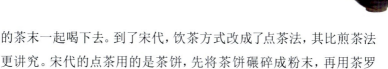

的茶末一起喝下去。到了宋代,饮茶方式改成了点茶法,其比煎茶法更讲究。宋代的点茶用的是茶饼,先将茶饼碾碎成粉末,再用茶罗筛过,茶粉越细越好。接着用茶瓶煮水,茶瓶又称茶注,用于注水点茶,正式名称为"汤提点"②。

在点茶之前,先要用沸水冲洗茶盏,预热茶具,然后将适量的茶粉放入茶盏,点泡一点沸水,将茶粉调和成清状,接着再将沸水注入,边注边用茶筅击沸。点泡后如果茶汤的颜色呈乳白色,茶汤的表面泛起的"汤花"能较长时间凝住茶盏内壁不动,才算是点泡出了一杯好茶。饮用时要将茶汤和茶粉一起喝下。

宋代饮茶方式的改变带动了饼茶的发展,由于宋代皇帝嗜茶,于是在贡茶中出现了一款极品的"龙凤饼茶"。在宋太宗太平兴国年间,开始在福建建安设立官焙,专门采制龙凤饼茶,供朝廷使用。其中以凤凰山麓北苑的贡茶最为著名,朝廷专门备制龙凤模具给北苑茶苑,使其制作的龙凤饼茶与民间茶有区别。

至宋真宗咸平初,福建转运使丁谓监造贡茶,专门精工制作了40饼大龙凤饼茶进贡,此后建州岁贡大龙凤茶各二斤,八饼为一斤。至宋仁宗庆历年间,蔡襄任福建转运使,又将大龙凤饼茶改成小龙凤,更受朝廷青睐。建窑遗址曾发现黑釉茶饼盒烧废的残器(图3-3),茶饼盒是宋代建窑烧制的、与"供御"茶盏配套使用的茶具,以此可以推断当时小龙凤茶饼的大小。该残器外沿直径约10厘米,内沿约9厘米,内高3厘米,因此推断,宋代小龙凤茶饼的尺寸应

图3-3　北宋　建窑黑釉龙凤茶饼盒(烧废残器)

在直径9厘米、高3厘米左右。

到了宋徽宗宣和二年（1120），福建转运使郑可简又创制了一种"银丝水芽"，号"龙团胜雪"，将龙凤饼茶发展到了极至。整个北宋王朝160多年间，北苑贡茶创造出四五十个品种。

2.茶风炽盛与斗茶

中国茶史上历来有"茶兴于唐，盛于宋"的说法。首先，"龙凤饼茶"的出现使得宋代制茶工艺有了新的突破；其次，不论宫廷还是民间，饮茶之风相当普及，茶坊茶肆林立。李觏在《富国策第十》中记载："茶非古也，源于江左，流于天下，浸淫于近代，君子小人靡不嗜也，富贵贫贱靡不用也。"③

宋代茶风炽盛，使得起源于唐代的"斗茶"、"茗战"之风兴盛。"斗茶"是评比茶质优劣和调茶技术的方式。最初是唐代建州茶农在新茶制成后，为了评比新茶品序而进行的比赛，后来发展到茶农以外，还增加了评比点汤、击沸技艺的高低。

宋代斗茶选用的是福建建安白茶，尤其是宋徽宗特别偏爱白茶，在他所著的《大观茶论》中也写到"点茶之色，以纯白为上真"④。关于斗茶的标准，蔡襄在《茶录》中是这样表述的："视其面色鲜白，著盏无水痕为绝佳。建安斗茶，以水痕先者为负，耐久者为胜。故较胜负之说，曰'相去一水两水。'"⑤也就是说先看汤色，以纯白如乳为上；其次看茶汤，茶汤的表面泛起的"汤花"能较长时间凝住茶盏内壁不动为胜，俗称"咬盏"；汤花散退较快，先出现水痕的为负，俗称"云脚涣散"。水痕俗称"水脚"，出现的地方在茶盏内壁与茶汤相接处。宋代茗战以三战二胜决出胜负。

斗茶用的茶盏，宋徽宗认为："盏色贵为青黑，玉毫条达者为上，取其燠发茶采色也。底必差深而微宽。底深则茶亦立而易于取乳，宽则运筅旋彻不碍击沸。然度茶之多少，用盏之大小。盏高茶少则掩蔽茶色，

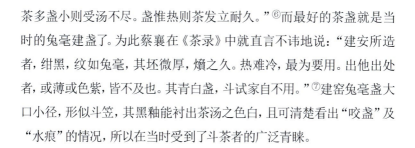

茶多盏小则受汤不尽。盏惟热则茶发立耐久。"⑥而最好的茶盏就是当时的兔毫建盏了。为此蔡襄在《茶录》中就直言不讳地说："建安所造者，绀黑，纹如兔毫，其坯微厚，熁之久。热难冷，最为要用。出他出处者，或薄或色紫，皆不及也。其青白盏，斗试家自不用。"⑦建窑兔毫盏大口小径，形似斗笠，其黑釉能衬出茶汤之色白，且可清楚看出"咬盏"及"水痕"的情况，所以在当时受到了斗茶者的广泛青睐。

第三节 建盏的人文内涵与文化影响

宋型文化追求内心世界的自我完善和内心审美体验，形成了文人士大夫追求一种和谐自然、内敛质朴的审美趣味，同时伴着宋代斗茶风尚的极盛，终于促使烧制黑釉兔毫盏、油滴盏的建窑成为中国瓷业史上一代名窑。那么今天我们又如何来看待其人文内涵和文化影响呢？

北宋社会以"郁郁乎文哉"著称，有一个比唐代更为庞大、更有文化教养的知识阶层。甚至宋代文人还认为唐代文人读书太少，连李白这样狂傲之极的大诗人也不放在眼里，苏轼曾十分不恭地讥讽他读书太少。另外，宋代统治者推行的文人政治和科举制度的不断完善，也从根本上改变了时代精神和社会的审美观念。

文人士大夫十分强调"诗品出于人品"、"文如其人"，认为主体的感觉、情绪、意志、观念、认知等精神性的内容，是诗人向内省察的结果。强调艺术家重视人品的要求、道德的修养和气节的尊严等，成为宋代文化精神的反映。于是在绘画上、书法上、瓷品上十分注重画如其人、书如其人、品如其人，形成了画品、书品、瓷品出于人品的理论主张，这不仅最终造就了瓷业艺术史上的顶峰之作——宋瓷，也同时形成了宋瓷的人文内涵。

建窑黑瓷本身并不是一种讨人喜欢的釉色，然而在宋型文化的氛围中，由于时代审美趣味和帝王士大夫对精神认知的追求，终于将建窑黑瓷的雅与俗、巧与拙的艺术双重性表现得完美无缺,将两种不同层次、不同趣味的民间艺术和文人艺术形成对流,形成一个朴实无华的写真世界,并将其提到某种心清如水,大彻大悟的哲理高度。

千百年来,建窑黑釉瓷盏,就以这样的韵味、面目流传着,并对中国的瓷业、茶业和文人世界、世俗社会不断地产生着文化影响,同时也成为收藏界的宠儿。

---

① 刘子健著:《中国转向内在——两宋之际的文化内向》,江苏人民出版社2002年版。
② 马骋、鲁伟中、李剑敏编著:《历代瓷壶鉴藏》,上海文化出版社2007年版。
③ [宋]李觏撰,王国轩点校《李觏集》,中华书局2011年版。
④ 吴龙辉主编:《煮泉小品》中国社会科学出版社1993年版。
⑤ 吴龙辉主编:《煮泉小品》中国社会科学出版社1993年版。
⑥ 吴龙辉主编:《煮泉小品》中国社会科学出版社1993年版。
⑦ 吴龙辉主编:《煮泉小品》中国社会科学出版社1993年版。

第四章 瓷业传承与文化产业开发

第一节 历代建窑黑瓷仿制与辨识

历代建窑黑瓷的仿制分两类：一类是福建境内建窑系的仿制，另一类是吉州窑和北方窑口的仿制。

福建境内建窑系仿制建窑黑瓷盏大多器形较小，以中型、小型碗盏居多，16厘米以上的大型器很少发现。其次，釉层普遍较薄，缺乏建盏釉层的肥厚之感，不大看见建窑碗盏脚线处那种浓厚的挂釉现象。第三，釉色大多呈酱黑色或酱红色，兔毫纹纹理粗而短，少见长而细者，油滴釉几乎没有。第四，胎骨的颜色以灰白居多，与青瓷、白青瓷胎相近，且较薄（参见图典49），缺乏建盏的厚实之感。第五，器底足较平，足跟少见修刀现象。

古玩市场上常有将宋代福建境内建窑系其他窑场生产的仿建碗盏冒充同时代的建盏，上海豫园藏宝楼古玩市场目前开价1200元一只，很多藏家又往往将此类建盏当作高仿的赝品误认，但一般不难辨识。

吉州窑黑瓷包括兔毫、油滴、玳瑁以及剪纸和木叶等。但施釉较薄且往往不规则，在线脚和圈足处露出胎骨，露胎处时常可见修胎时不工整的用刀痕迹和生硬的棱角。

吉州窑黑釉瓷最具特点的是玳瑁釉，瓷器的坯体，系用含铁量较少的瓷土做成；生坯挂釉，入窑焙烧后挂一次膨胀系数不同的釉，并重烧一次，在以黑釉为底色的器物上，由于釉层的龟裂、流动、密集、填缝，经过窑变后形成大小不等的褐黄色斑块，也有浅蓝色等釉色，交织混合在一起，色调滋润的釉面便在黑色中形成玳瑁状的斑纹，很像玳瑁黄褐相间的硬壳，色彩绚丽，显得艳丽高雅，故称"玳瑁斑"。

北方地区的定窑、鹤壁窑、临汾窑等也仿烧建盏中的油滴釉。但定窑、鹤壁窑油滴结晶斑点很小，且有很强的银质光泽。黑釉碗盏的胎体较薄，并有与建窑盏完全不同的自创的碗形。

第二节 当代建窑黑瓷传承、作伪与辨识

1. 当代建窑黑瓷艺术的传承

20世纪50年代，美国人阿弗雷德（Aifred）烧制出外观有斑点的黑釉碗。20世纪70年代末80年代初，日本的安藤坚先生经过反复试验，终于烧成与宋建窑曜变天目碗十分相似的产品。日本濑户市的长江秀利先生也在进行仿建产品的试验中获得成功。随着我国实行改革开放的政策，对外经济文化交流的日益增多，建盏的仿制工作也被提到了有关单位和科研机构的议事日程。自1979年9月始，由中央工艺美院、福建省科委、省轻工所和建阳瓷厂等部门和单位组成攻关小组，进行仿古建盏实验，经过近两年的反复实验，终于在1981年3月第一次向社会公布了仿宋兔毫盏的样品，并获得了有关人士的好评。1981年5月7日至10日，福建省科委邀请了北京故宫博物院、中国历史博物馆、轻工部陶瓷所、外交部总务司、上海博物馆、上海硅酸所等30多个单位的50多位专家、学者对仿建产品进行鉴定，结果表明，仿宋兔毫盏不仅形似，而且神似。无论是釉色、纹理，还是胎骨、造型等都达到了以假乱真的水平。此后，仿宋兔毫盏逐步走入市场（图4-1）。20世纪90年代中期，仿宋油滴盏、

图4-1　当代仿烧建盏龙窑

鹧鸪斑盏等也获得成功,并批量流入市场。20世纪末,带曜斑的仿曜变天目盏也获得成功,并少量进入市场,但此类产品与日本收藏的曜变天目碗相比相去较远,容易辨认①。

当代德化窑在宋代建窑系盖德窑产品的基础上也仿制建窑产品,在继承传统、揉合现代美学表现方式上进行市场战略研发,生产现代家居日用、装饰瓷器以及馈赠礼品瓷。产品注重实用,更注重以造型、色彩丰富产品的文化艺术内涵,充分展现了陶土的韧性以及古朴、自然、大气的特质。

总体而言,当代仿建产品由于采用的瓷土、釉料及烧成温度与古代相近,故胎、釉的化学成分基本一致,兔毫等黑釉瓷纹理也几可乱真,质量较好(图4-2、图4-3、图4-4、图4-5)。

2.当代建窑黑瓷碗盏的作伪与辨识

随着近年来收藏热的长盛不衰,宋代名瓷一直受到市场的追捧,在巨大的经济利益驱动下,当代建窑黑瓷艺术在传承与推广的同时,市

图4-2 当代建窑仿烧兔毫黑釉盏,中图为内壁,下图为盏底(用电窑烧制)

图4-3 当代建窑仿烧兔毫黑釉"供御"款盏,中图为内壁,下图左为盏底,右为外壁局部(用煤气窑烧制)

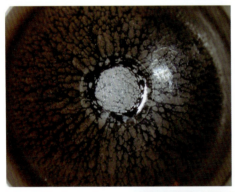

图4-4　当代建窑仿制油滴黑釉"进琖"款敛口碗,中图为内壁,下图为盏底(用煤气窑烧制)

图4-5 当代建窑仿制黑釉小盏，中图为内壁，下图为盏底

场上也有人用作伪的手法仿烧宋代建窑兔毫盏、油滴盏,并大量流入市场。20世纪80年代的仿制建窑黑瓷只是在釉面上用酸性物质去光,再用黄土涂抹、作土锈,手法比较简单,是当时一般仿制历史名窑产品的通常做法。20世纪90年代以后,作伪者常用的作伪手段是接底,一是将宋代碗盏的老底老底接在一起,主要用带"供御"、"进琖"款的老底接在一般的老胎上,以提高普通老建盏的身价;二是将宋代的碗盏老底接在新胎上,上釉后再入窑烧造;三是将老胎上新釉,即将窑址上采拣的废品重新上釉,再入窑烧造等。

对建窑黑瓷作伪产品的辨识首先看"火光":即釉面有浮光且亮光扎眼,如用酸性物质浸泡者则整个釉面呆板、晦涩,没有层次,毫无生气,即北方人所称"发楞"。有的尽管做了"土锈",但很不自然,清洗、擦抹后"火光"冲天。第二识胎土:仿品胎土淘洗大多较细腻,这是因为胎土用机械加工,而宋代建窑产品的胎土是用手工加工的,胎体较粗,淘洗不精细,俗称"桃酥饼"胎。而新产品胎体表面较平整光滑。第三看造型:仿品大多为轮制压模或注浆成型,造型没有老产品的古朴与自然,显得工整呆板;一般尺寸要比老产品小,因为烧制时有收缩,不易掌握。新仿敛口盏口径一般为11.5厘米至12厘米,而宋代敛口盏为12.5厘米;另外仿品修刀过于工整,以致显得拘谨而缺乏真品的自然、随意之感。第四观纹饰:仿品的兔毫没有真品纤细,显得较粗。而仿品的油滴釉粗大,与真品相去甚远。另外仿品的冰裂纹内有发白的土痕,这是做旧的痕迹,而建窑老产品并没有土痕。

笔者曾了解到一种听声音的鉴别方法,即认为老建盏用手指弹击声音沉闷,而新仿建盏声音清脆,这种鉴别方法值得商榷。据笔者了解,新仿建盏出窑后由其自然慢慢冷却,用手指弹击声音确实比较清脆;但如果新仿建盏在出窑后立即将其放入冷水中冷却,弹击声音一样沉闷,与老建盏无异。

仿制古代建窑产品除黑釉碗盏外,还有少量撇口瓶、蒜头瓶、罐及

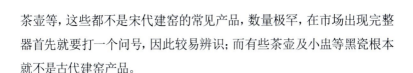

茶壶等，这些都不是宋代建窑的常见产品，数量极罕，在市场出现完整器首先就要打一个问号，因此较易辨识；而有些茶壶及小盏等黑瓷根本就不是古代建窑产品。

第三节　建窑文化资源评估与文化产业开发

　　文化遗产的文化产业开发源于文化资源，建窑文化产业所依托的文化资源就是瓷文化和茶文化。建窑与我国历代著名瓷窑有所不同的是，其黑瓷产品与茶文化有着不可分割的关系，从某种程度上说，建窑成为我国瓷业史上的一座高峰与宋代斗茶风尚是分不开的。

　　建窑瓷文化资源包括宋代建窑遗址，目前已被列入我国文物保护单位，属于不可移动文物；建盏黑瓷的制瓷工艺，属于非物质文化遗产；而茶文化资源无疑就是宋代斗茶技艺，目前已失传。

　　瓷文化资源与其人文内涵和文化影响密不可分，将文化资源开发为文化产业，其推广文化产品的内动力是文化的传播。兔毫釉、油滴釉、曜变釉的背后蕴涵的是一种和谐自然、内敛质朴的审美趣味，是雅与俗、巧与拙的艺术双重性的成功表现。因此，开发建窑文化资源的本质是开掘其深厚的文化内涵。

　　当代社会的文化消费已进入大众文化时代，大众文化是以技术工业的形式进行的，将艺术变为文化工业，使得以往的文化艺术创造变成了模式化、流水线似的工业生产，在此意义上，文化艺术品与商品的界限被模糊了、抹平了，大量的平庸文化产品充斥市场，并一味追求感官刺激，以瞬间的满足迷惑大众，将以往历史中一切有价值的东西全部消解，表现出人文精神的缺失。因此，以优秀传统文化资源为依托开发当代文化产业，必须以开放的品格吸收文明遗产的文化内涵，借助一切以往艺术创造的成功经验，遵循文化艺术产品的审美规律，努力提升大众文化产品的精神愉悦性。

建窑从文化产业开发的形式而言,一是窑址的保护和在此基础上的文化旅游和文化产品的开发。目前建窑系"遇林亭宋代窑址博物馆"已作了较成功的尝试,按照博物馆的陈列和观赏顺序分为三个部分内容:"沉寂的窑场"、"考古揭秘"、"茶艺明珠"。遇林亭窑址是建窑"弟子",而相距60多公里、作为正宗的建阳古建窑窑址,其文化意义远甚于遇林亭窑址。二是建盏黑瓷制瓷工艺的传承和展示,尤其是兔毫釉、油滴釉这两种建窑黑釉最常见瓷品的烧制,而其成品无疑是富有人文内涵的文化产品。目前建窑遗址当地进行了仿古建盏实验,并取得成功。但建窑黑瓷作为文化产品的推广,除了其自身不可替代的独特的工艺性外,更要与斗茶技艺捆绑推广,这就亟待宋代斗茶技艺的恢复、再传。目前民间曾作过尝试,均不理想,关键是茶汤在茶筅击沸后幻化不出理想的汤花。一旦宋代斗茶技艺恢复,并在热爱茶文化的中国当代社会生活中推广,将必定会给消费大众带来感官与精神的双重愉悦,并带来建盏这一文化产品的热销。

　　在当代茶艺馆、茶场的产品推广中,无不使用极富文化内涵的茶艺

图4-6　建窑保护工程"捐资芳名录"

表演，整个过程均有响亮的名称，诸如用开水烫杯为"白鹤沐浴"，将乌龙茶放入壶中叫"乌龙入宫"，将茶水依次斟入茶客面前的茶盏叫"韩信点兵"等，其无疑是用文化内涵进行产品推广。

建窑遗址可以尝试以窑址为依托，建立建瓷文化博览区，以窑址、制瓷技艺、斗茶等文化资源进行建盏瓷、建阳茶的文化产品推广，并形成陶瓷文化旅游产业。

目前，建窑遗址保护工程已经展开，从窑址竖立的"捐资芳名录"（图4-6）来看，酷爱建盏的日本人比较踊跃（图4-7），而国人似乎对建窑遗址比较陌生，目前只有一人捐资（图4-8）。显然，对于建窑文化内涵的推广还需要时日。文化产品的开发源于文化资源，更源于对文化内涵的推广。

图4-7 日本捐资人的名字

图4-8 这位叫"宋小凡"的捐资1000元的中国人实在不凡

---

①谢道华著：《中国古陶瓷标本》丛书《建窑分册》（即出）。来源：网络文摘。

建窑古瓷器标本图典

1　北宋　建窑黑釉斗笠盏

图1　器型：口径12.7厘米，通高5厘米，足径3.5厘米；撇口、斜腹微鼓；外壁施釉不及底，半挂黑釉，微现兔毫。口沿釉层较薄，这是因为建盏都用正烧法，并使其内底聚釉较厚；外壁脚线处有余釉流动痕迹，即为挂釉现象，俗称"釉泪"、"釉滴珠"。

图2　内壁：内壁底微鼓，一般为建窑五代晚期、北宋早期产品特征。

图3　圈足：浅挖底，色呈褐色，为氧化焰中烧成，胎骨厚实坚硬，胎体较粗，淘洗不精细，俗称"桃酥饼"胎。

2 北宋 建窑绀黑釉敛口碗

图1 器型:口径12.5厘米,通高6.5厘米,足径4厘米;束口、斜弧腹;内外壁通体施绀黑(乌金)釉,束口处亦挂满黑釉,是建窑黑瓷碗盏精品。

图2 脚线:外壁脚线处有余釉流动痕迹,施釉肥厚。

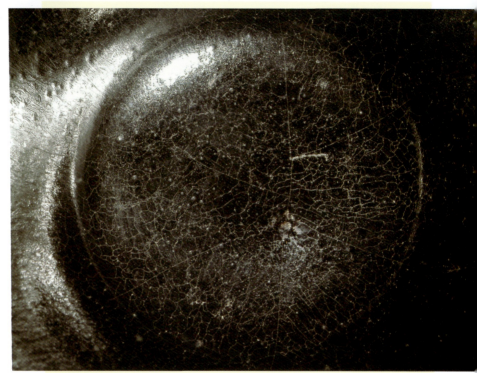

图3 内底：器底内壁有折沿痕，说明拉坯考究；黑釉中有微细冰裂纹。

3 北宋 建窑兔毫黑釉盏

图1 器型：口径12.6厘米，通高6厘米，足径4.5厘米；口沿内收，与弧腹壁一气呵成，外壁有拉坯旋制痕迹，这是北宋建窑碗盏的典型特征；口沿釉层较薄，脚线处挂釉及底。

图2 圈足：浅挖足，色呈灰黑，胎骨紧密。

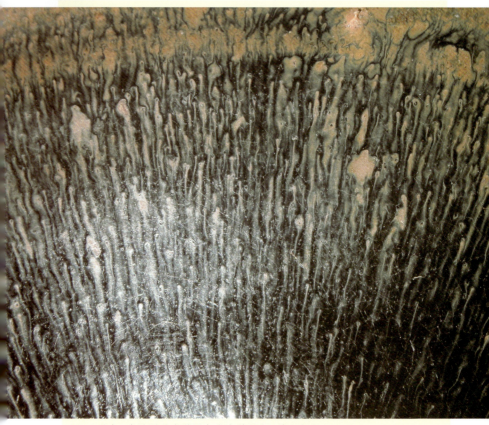

图3 釉色：内壁黑釉布满褐色兔毫结晶斑，纹理纤细。

4 北宋 建窑兔毫黑釉盏（残）

图1 器型：口径12.7厘米，通高6.5厘米，足径4厘米；束口、斜弧腹，器型规正；通体施满兔毫黑釉；为宋建窑兔毫釉黑盏标准器。

图2 内壁：内壁从上及底施满放射状兔毫黑釉，兔毫呈蓝色窑变，即为"蓝兔毫"。

图3 外壁：外壁同样从口沿到脚线施满兔毫黑釉，兔毫色呈褐色，釉层肥厚。

图4 圈足：浅挖足，修足十分规正。

图5 胎骨：截面色黑，与露胎处相似，此为含铁量较高所致，胎骨厚实坚硬，扣之有金属声，俗称"铁胎"，一般在还原焰条件下烧成。

5 北宋 建窑油滴黑釉盏

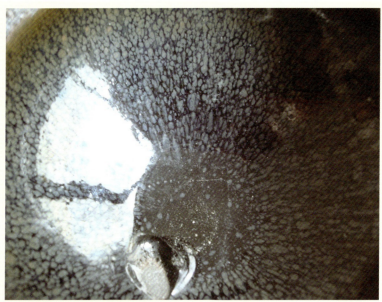

图1、图2　釉色：内外壁施满油滴黑釉，内壁油滴呈放射状，油滴呈蓝色窑变，系"蓝釉滴"，釉层肥厚，脚线干净。

图3 圈足：浅挖足，胎骨色呈灰黑，胎体较粗。

6　北宋　建窑茶叶末褐釉盏

图1　器型：口径12.4厘米，通高4.1厘米，足径3.3厘米；口沿外撇，腹壁斜直，下内收，造型如漏斗状；通体施满茶叶末似褐釉，脚线处有挂釉现象，釉层肥厚。

图2　内壁：斜直及底，施满茶叶末似的褐釉。

图3　圈足：浅挖足，圈足底平，足壁直，胎体色呈褐色，胎骨较粗，呈"桃酥饼"状。

图4　釉色：呈茶叶末状，又称"芝麻花釉"，有观点认为这是因为产品烧制时火候不够高（生烧）造成的次品；也有观点认为是褐釉产品在地下受土浸形成的芝麻花。

7　南宋　建窑茶叶末褐釉敛口碗

图1　器型：口径12.5厘米，通高7厘米，足径4厘米；束口、折腹，中间折痕下内收，一般认为这是南宋建窑的碗盏器型，一是比北宋同类产品要高出0.5厘米；二是碗盏腹部有明显内收的折痕。

图2　釉色：壁内施满茶叶末釉，壁外半施，釉层较薄，没有挂釉痕迹。

图3 圈足：浅挖足，修足较粗，胎骨呈褐色，粗疏；在氧化焰中烧成。

8 北宋 建窑柿红釉敛口碗

图1 器型：口径12.5厘米，通高6.5厘米，足径4厘米；束口、斜弧腹，底部内收；内外壁通体施柿红釉。

图2 内壁：口沿因釉层薄呈褐色，底部呈黑色釉，内壁施满柿红釉，釉内有纤细的纹理。

图3 釉色:釉面光泽不强,施釉肥厚,脚线处有挂釉痕迹;口沿釉较薄。

图4 圈足:浅挖足,胎骨呈黑色,含铁量较高,较粗,淘洗不精细。

9 南宋 建窑柿红釉撇口小盏

图1 器型：口径10.5厘米，通高4厘米，足径3.6厘米；口沿外撇，腹壁斜直，下内收，圈足底平，造型如漏斗状，是较典型的"斗笠碗"；内外壁通体施柿红釉，釉层肥厚。

图2 内壁：斜直，内底平，有积釉；施满柿红釉，釉内有纤细的纹理。

图3　圈足：挖足浅，足芯作乳突状，为南宋建盏典型特征，修足粗糙，胎骨粗疏，色呈黑色，含铁量高。

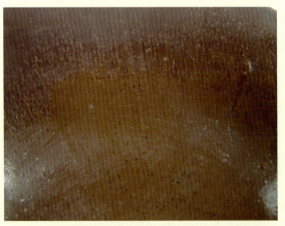

图4　釉色：红褐色釉面有深红色小结晶点和白色条纹纹理，釉面光泽不强。

10 北宋 建窑紫金釉敛口盏

图1 器型：口径11厘米，通高4.2厘米，足径4厘米；束口，腹壁呈弧形，底内收，圈足底平，足壁直，器型规正；通体施紫金釉，釉内有深黑色小结晶点，釉层肥厚。

图2 内壁：口沿处釉层薄，深腹及底，内底无积釉。

图3 圈足：浅挖足，修足规正；胎骨呈黑褐色，厚实紧密，含铁量高。

11 北宋 建窑灰皮釉撇口盏

图1 器型：口径12.5厘米，通高5厘米，足径3.5厘米；撇口、斜腹微鼓；外壁半挂灰皮釉，施釉不及底，通体釉层较薄；外壁脚线处无挂釉痕迹。

图2 内壁：内壁底微鼓，一般为建窑五代晚期、北宋早期产品特征；釉内龟裂。

图3 圈足：挖足浅，修足粗糙；胎骨粗疏，色呈灰黑；釉层鼓起为乳突状，胎釉结合不好，一般为火候不高（生烧）形成。

12 南宋 建窑灰皮釉小盏

图1 器型：口径8.8厘米，通高4.2厘米，足径3厘米；直口，弧腹，腹底内收，外壁半挂釉，施釉不到底，釉层薄，脚线无挂釉现象。

图2 内壁：弧壁及底，盏底无积釉。

图3 圈足：浅圈足，足壁直，修足不甚规正，胎骨黑灰、紧密。

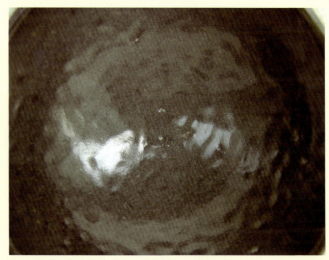

图4 釉色：施釉较均匀，釉色灰黑，有荡釉现象。

13 南宋 建窑灰白釉小盏

图1 器型：口径8.7厘米，通高4.1厘米，足径3.4厘米；束口，弧腹，底部内收；外壁施半釉，釉层薄，色呈灰白。

图2 内壁：弧形及底，底部无积釉；施灰白釉，釉中清晰可见黑斑，为铁元素。

图3 圈足：浅挖足，修足规正；胎骨粗疏，黑色，含铁量高。

14 南宋 建窑龟裂釉小盏

图1 器型：口径9.1厘米，通高4.5厘米，足径3.4厘米；唇口内收，弧腹，底内收；挂半釉，釉层薄，脚线处无挂釉痕。

图2 内壁：唇口见折沿，弧壁及底，底部无积釉，内底可见折痕。

图3 圈足：挖足浅，修足规正，足底微斜，足壁直；胎呈黑褐，粗疏。

图4 釉色：釉层较均匀，在闪金色釉内，釉面均匀分布有深褐色若龟裂状的釉纹。

15 北宋 建窑酱釉盏

图1 器型、圈足：口径12.5厘米，通高6.5厘米，足径4厘米；束口、折腹，外壁中间折痕下内收；半挂釉，釉层肥厚；浅挖足，修足规正，胎骨紧密，呈黑色，含铁量高，系"铁足"。

图2 内壁、釉色：弧腹及底，通体施酱色釉，褐中带绿，釉面粗，亚光泽；从垂釉珠的断面观看，釉内为亮黑色，仅于表面有薄薄的一层绿褐色釉层。

16 南宋 建窑青瓷小盏（残）

图1 器型：口径9.4厘米，通高4.3厘米，圈足3厘米；直口，弧腹，腹底内收，外壁半挂釉，施釉不到底，釉层薄。

图2 圈足："铁足"，修足规正。

图3 胎骨：致密，色呈黑色，含铁高，在高温还原焰中烧成。有观点认为，建窑青瓷为黑釉生烧产生的釉色。从这个青釉盏胎骨观察，该产品要么是在还原焰气氛中因火候不够高烧制的次品，要么是窑温已达烧制的青瓷产品。总之，笔者认为建窑青釉产品不能都断定为生烧产品。

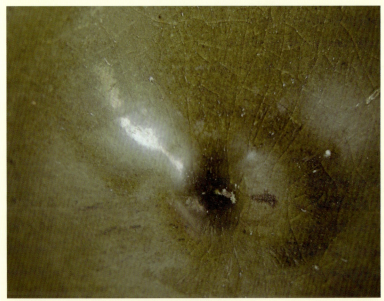

图4 釉色：釉层均匀，色呈苹果绿，施釉薄，有开片。

17　北宋　建窑兔毫黑釉盏（残）

图1　器型：从残存器型看为建窑兔毫黑釉盏，盏底有倾斜的积釉，说明施釉厚；另外也说明是窑址废弃产品。

图2　釉色：从局部釉色看，兔毫纹呈蓝色，为窑变结果，俗称"蓝兔毫"。

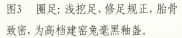

图3　圈足：浅挖足，修足规正，胎骨致密，为高档建窑兔毫黑釉盏。

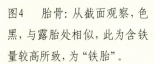

图4　胎骨：从截面观察，色黑，与露胎处相似，此为含铁量较高所致，为"铁胎"。

18　北宋　建窑银油滴黑釉盏（残）

图1　器型：从残器局部看为建窑油滴黑釉盏；"铁胎"，胎骨紧密。

图2　圈足：有瘩垫圈现象，系烧窑中底部产生粘窑，胎呈褐色，系土浸结果，洗净后与截面所显"铁胎"一致。

图3　釉色：油滴装饰色呈银白色，系窑变结果，俗称"银油滴"。

19 北宋 建窑金油滴瓷片

图1　釉色：釉内结晶斑呈金黄色光泽的油滴状斑点，为圆形或椭圆形，大小不一，在各种光源下产生不同的视觉效果，系窑变所致，是建窑油滴黑釉装饰中十分珍贵的品种。

图2　胎骨："铁胎"，胎骨紧密，黑色胎骨上的薄薄褐色为土浸色。

20　北宋　建窑蓝油滴瓷片

图1　釉色：釉内结晶斑呈蓝色光泽的圆形油滴状斑点，为窑变现象。

图2　胎骨：截面色呈黑褐，含铁量高，胎质紧密。

21 北宋 建窑油滴黑釉小盏(残)

图1　器型：撇口，斜弧腹，器形规正，施釉均匀，釉内布满釉滴状结晶斑，脚线处无挂釉现象。

图2　釉色：口沿处现油滴，内壁为绀黑釉，釉色乌黑，烧制质量极佳，为宋代建窑黑釉瓷的典型代表。

图3 圈足：浅挖足，胎质较粗糙，露胎处手感亦较粗。

图4 胎骨：截面色黑，含铁量高，胎质紧密。

22　北宋　建窑绀黑釉小盏（残）

图1　器型：从残器观察为建窑绀黑釉瓷盏，釉色黑中闪蓝，为窑变所致，烧制质量极佳。

图2　圈足：挖足浅，修足规正，胎骨坚硬，色呈黑褐，含铁量高。

图3　胎骨：截面胎质紧密，色呈黑褐。

23 宋 建窑油滴褐釉钵残片

图1　器型：从残器部分判断，此器型为钵，收口、弧腹。通体施褐釉，釉中结晶斑呈油滴状。

图2　釉色：此钵釉色显褐色，一般认为是窑温火候不高所致的生烧现象，釉中油滴在土浸后呈现白色，却有十分别致的效果。

24 宋 建窑香斑（和尚顶）褐釉钵残片

图1 器型：从残器形制判断，此器为钵，收口、弧腹，通体施褐色茶叶末（芝麻花）釉。

图2、图3 釉色：在褐色茶叶末（芝麻花）釉中，布满香斑状装饰，犹如和尚头顶上的香斑，因此，这种装饰又被俗称为"和尚顶"。从细部观察，不是窑变结果，而是人工所致。据此推测，此类钵器为僧人用器。

图4 胎骨：截面胎呈褐色，胎体紧密。

25 北宋 建窑黑釉盏（残）

图1　器型：束口、弧腹；通体施黑釉，釉层肥厚。

图2　圈足：浅挖足，胎呈黑灰色，胎质粗疏。

图3　釉色：黑釉中在光线折射下有兔毫显现，口沿处现褐绿色，为土浸现象，烧成后应为灰白色。

26　北宋　建窑黑釉"供御"款

图1　圈足：宋代黑釉茶盏进贡宫庭用瓷款，为手工剔刻，字迹较规正；"铁胎"。

图2　釉色：黑釉，略现兔毫结晶斑。

27　北宋　建窑黑釉"供御"款

图1　圈足：宋代黑釉茶盏进贡宫廷用瓷款，为手工剔刻，字迹较规正，略显矮胖；"铁胎"；黑釉肥厚。

图2　釉色：施黑釉，釉中现窑变"蓝兔毫"。

28　北宋　建窑兔毫黑釉"供御"款

图1　圈足：宋代黑釉茶盏进贡官庭用瓷款，为手工剔刻，字迹十分规正，修足考究，施釉肥厚。

图2　釉色：施黑釉，釉中现窑变"蓝兔毫"，质量佳。

图3　胎骨：截面呈黑色，系"铁胎"，胎质紧密。

29　北宋　建窑青釉"供御"款

图1　圈足：宋代进贡宫庭用瓷款，为手工剔刻，字迹十分规正，修足考究。

图2　釉色：色呈绿釉，"供御"款此色未见，一般认为是黑釉火候不够高形成的生烧现象，从胎釉结合不好（有剥离现象）的情况来看，此说成立。

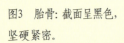

图3　胎骨：截面呈黑色，坚硬紧密。

30 宋 建窑各种"供御"款

图1、图2、图3、图4、图5 圈足：宋代黑釉茶盏进贡官庭用瓷款，为手工剔刻，字迹除图3外都较规正，修足除图3外也十分考究，均为"铁胎"。

31 北宋 建窑阳文反字"供御"款垫圈

图1 "供御"为宋代黑釉茶盏进贡官庭用瓷款,一种为手工剔刻,一种为带有阳文反体文字符号的垫圈印刻。在卢花坪窑址、大路后门窑址、营长乾窑址都有发现此种带有阳文反体文字符号的垫圈。

32 北宋 建窑 "進琖" 款

图1-1 圈足："進琖"为宋代黑釉茶盏进贡官庭或官府用瓷款,由模具印刻;浅挖足,修足规正;"铁胎",胎质紧密,胎骨坚硬。

图1-2 釉色:通体施黑釉,釉层肥厚,釉中闪蓝兔毫,釉色质量高。

图2 北宋建窑阳文反字"進琖"款垫圈,即图1所示"進琖"款的垫圈。

33 宋 建窑各种"進琖"款

图1、图2、图3、图4、图5
圈足：宋代黑釉茶盏进贡官庭或官府用瓷款，由模具印刻；浅挖足，修足较规正。

34 北宋 建窑 "官" 字款

图1 圈足：为手工剔刻款，目前带有此款的产品发现极少，字迹较规范；浅挖足，修足规范，胎呈黑灰。

图2 釉色：色呈褐色，带土浸。

35　北宋　建窑"寶"字款

图1　圈足：浅挖足，修足规范，"寶"字为手工剔刻，字体十分规正，目前带有此款的产品十分罕见。

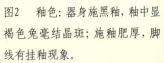

图2　釉色：器身施黑釉，釉中显褐色兔毫结晶斑；施釉肥厚，脚线有挂釉现象。

图3　胎骨：截面色呈黑色，胎骨厚实，紧密，应为大盏。

36 北宋 建窑 "上" 字款

图1　圈足：浅挖足，修足考究，"上"字为手工剔刻，目前带有此款的产品发现极少，器体黑釉质量上乘，施釉肥厚。

图2　胎骨：截面胎质紧密，色呈黑色，沾土浸。

37 北宋 建窑"新窑"款

图1 圈足：浅挖足，修足较规正；"新窑"字迹为模具印刻。

图2 胎骨：截面胎质紧密，色呈黑色。

38 北宋 建窑 "珴" 字款

图1 圈足：浅挖足，修足较规范；字体规正，为手工剔刻。

图2 釉色：施黑釉，釉层肥厚，釉中现褐色兔毫结晶斑。

39　宋　建窑"皿"字款

图1　圈足：浅挖足，修足考究；字体手工剔刻有致。

40 宋 建窑黑釉"一"数字款

图1-1 圈足：浅挖足，修足佳，"铁胎"；"一"字为手工剔刻。
图1-2 釉色：通体施黑釉，施釉肥厚，釉色质量佳。

图2-1 圈足：浅挖足，修足佳，胎骨黑灰，沾土浸；"一"字为手工剔刻。
图2-2 釉色：通体施黑釉，施釉肥厚，釉色质量佳。

图3 圈足：浅挖足，有粘底现象，釉色呈褐色，系烧制火候不高所致。

41 宋 建窑兔毫黑釉"四"数字款

图1 圈足：浅挖足，足壁直，足壁与足底之间切出一个斜面，修足较好； "四"字为手工剔刻。

图2 器型：撇口，弧腹，底内收，壁厚。

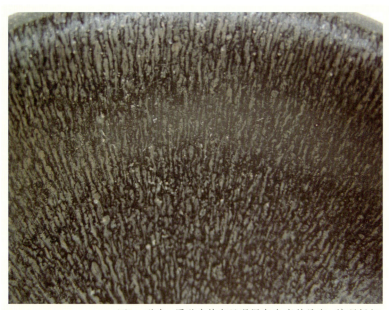

图3 釉色:黑釉内均匀呈现褐色兔毫结晶斑,纹理纤细。

图4 胎骨:"铁胎",胎质粗糙,含沙粒较多。

42 宋 建窑兔毫黑釉 "八" 数字款

图1 圈足：浅挖足，修足较规范；"八"字为手工剔刻。

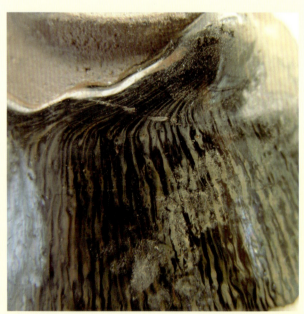

图2 釉色：施釉肥厚，黑釉中呈现较规则的兔毫纹。

43 宋 建窑黑釉"九"数字款

图1 圈足：浅挖足，修足规范；"九"字为手工剔刻。

图2 胎骨：呈褐色，胎质粗糙；施釉肥厚。

44 宋 建窑兔毫黑釉"十八"数字款

图1　圈足：浅挖足，修足佳，"铁胎"；"十八"字样为手工剔刻。

图2　釉色：黑釉中呈现规则的兔毫结晶斑。

45　宋　建窑"两六"数字款

图1　圈足：浅挖足，修足规范；"两六"字样为手工剔刻，"六"字左点缺损；胎呈黑灰，有粘底现象。

46　宋　建窑黑釉"四一"数字款

图1　圈足：浅挖足，修足佳，"铁胎"；"四一"字样为手工剔刻。

47 宋 建窑 "四六" 数字款

图1 圈足：浅挖足，修足规范，"四六"字样为手工剔刻；露胎处胎骨呈黑灰，粗糙。

图2 釉色：施黑釉，因烧制火候不高，釉内布满褐色，釉面粗，亚光泽。

48 宋 建窑黑釉大碗（残）"五四"数字款

图1　圈足：浅挖足，圈足损，色呈黑色，"铁胎"；"五四"字样为手工剔刻。

图2　器型：口径16.5厘米，通高6厘米，足径5厘米；撇口，弧腹，底内收；通体施黑釉。

图3　釉色：黑中闪蓝，为窑变现象，见开片。

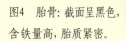

图4　胎骨：截面呈黑色，含铁量高，胎质紧密。

49 宋 建窑系黑釉盏

图1 釉色：口沿至内壁釉色依次为灰白、褐、蓝、黑；因建盏（系）用正烧法，加之石灰釉黏性强，在高温中容易流动，故产品口沿釉层较薄，色呈灰白、褐色；蓝色为窑变现象；施釉较薄，内底无积釉现象。

图2 圈足：挖足浅，胎骨色呈灰白，所用原料与建窑产品存在明显差别，含铁量低；也因此该黑釉盏因口沿釉层薄而色呈灰白。脚线与外壁施釉部分相距甚远，亦是建窑系产品的特征。

50 宋 建窑系黑釉盏

图1 器型：口径：9.4厘米，通高：4厘米，足径：3.5厘米；直口，弧腹，腹底内收，外壁半挂黑釉，施釉不到底，釉层较厚。

图2 圈足：浅挖足，修足规正，胎骨呈灰白。

主要参考文献

1. 冯先铭主编：《中国陶瓷》，上海古籍出版社2001年版。
2. 中国硅酸盐学会编：《中国陶瓷史》，文物出版社1982年版。
3. 熊寥、熊微编著：《中国陶瓷古籍集成》，上海文化出版社2006年版。
4. 梁宪华、翁连溪编著：《中国地方志中的陶瓷史料》，学苑出版社2008年版。
5. 吴龙辉主编：《煮泉小品》，中国社会科学出版社1993年版。
6. 陈宗懋主编：《中国茶经》，上海文化出版社1992年版。
7. 刘子健著：《中国转向内在——两宋之际的文化内向》，江苏人民出版社2002年版。
8. 刘方著：《宋型文化与宋代美学精神》，巴蜀书社2004年版。
9. 陈峰著：《武士的悲哀——北宋崇文抑武现象透析》，陕西人民教育出版社2000年版。
10. 叶文程著：《建窑瓷鉴定与鉴赏》，江西美术出版社2000年版。
11. 薛晓源、曹荣湘主编：《全球化与文化资本》，中国社会科学出版社2005年版。
12. 包亚明：《布迪厄访谈录——文化资本与社会炼金术》，上海人民出版社1997年版。
13. 王洪伟著：《传统文化隐喻——禹州神垕钧瓷文化产业现代性转型的社会学研究》，中州古籍出版社2011年版。
14. 郑祥福著：《文化批判与后现代马克思主义》，中国社会科学出版社2008年版。
15. 谢道华文：《古瓷明珠话建窑》，载《收藏快报》2006年1月19日。

后 记

　　在当今文物古瓷书籍充斥市场几近泛滥的时候，建窑瓷却是不幸的——几乎找不到专题介绍、研究建窑瓷书籍的身影。人们在面对大量毫无新意不断重复的古瓷出版物时，却难以一睹宋代建瓷作为一代名瓷的基本风貌。叶文程所著《建窑瓷鉴定与鉴赏》出版于10年之前，一时洛阳纸贵，目前早已销售告罄，书市难觅踪影。而诸如《中国陶瓷史》这样的煌煌巨著，涉及建窑瓷也是笔墨吝啬；同样像冯先铭先生的《中国陶瓷》这样的名家作品，因限于篇幅也难以对建瓷充分展开。而这种现象在民国时期竟也是如此，被当时古玩界认为收藏、认识、辨识古玩最佳指南书的赵汝珍所著《古瓷指南》，也不见建瓷身影。早于此书、并最早开展考察建窑遗址的普朗玛的《建窑研究》一书，已静静地躺在图书馆的文献资料堆中让学者独享。铁源主编的《宋辽名瓷鉴定》几乎涵盖了宋辽时期所有名窑产品，著述质量也颇佳，却也偏偏把建窑放弃了。建瓷竟然如此不入众多古瓷著述者的法眼。

　　好多年前，当我第一次收进一个黑釉建盏时（见本书图典1），也并不觉得它有什么特别之处，只是将它作为建瓷标本练练眼。直到我在建窑遗址当地的藏家处看到了金兔毫、金油滴、银兔毫、银油滴；蓝兔毫、蓝油滴、茶叶末釉、紫金釉等釉色的建盏后，我发现了一个美轮美奂的世界，这个在宋型文化环境中伴着斗茶风尚崛起的一代名瓷，原来是以这样的面目和韵味传承着它的文化与艺术魅力。这样一个蕴涵着巨大文化资源的小小建盏，应该让更多热爱中国陶瓷文化的人们去较全面地一睹它的面貌，并认识它的文化品质和艺术魅力，乃至依托这一丰富的文化资本去开发其文化产业。借着华东政法大学人文学院文化产业创新人才培养基地实训项目，让我有幸去做这样的尝试。在图片资料的收集中，我尽自己的微薄之力尽可能收全一点，但毕竟个人能力有限，难免挂一漏万，但相信本书给出的建窑古瓷器标本，总体上能勾勒出宋代建窑瓷的大概面目。

在本书的写作过程中，得到了龙门博物馆的李剑敏先生、我的朋友周松声先生、建阳当地藏友谢祥峰先生等的帮助，我的学生杨寒桥在本书的调研、写作中亦有贡献，在此表示衷心的感谢！

由于本人水平有限，本书不当之处，敬请读者、藏友、方家批评指正。

马 骋

2011年5月20日于沪上"马骋美术"